INTRODUCTION TO PRACTICAL MANAGEMENT THEORY

幸福の科学「大学シリーズ」25

「創業」の心得と「守成」の帝王学

「実践経営学」入門

Ryuho Okawa
大川隆法

※幸福の科学大学（仮称）は、2015年開学に向けて設置認可申請中です。
構想内容については、変更する場合があります。

まえがき

経営学の教科書を何回読んでも、畳の上の水泳訓練と同じで、なかなか実際には泳げるようにはならない。また実際に企業経営の経験者が書いた本でも、企業の規模や業種によっては、自社の参考にはならないことも多い。

しかし、それでも、数多くの経営書を読み、経営者の自伝を読み、時には企業ドラマをＴＶや映画で観たり、時事ニュースを新聞やＴＶで分析し続ける努力も大切だ。

世の中は常に変わり続けて、そこには常なるものはない。あえて、それがあるとすれば、「青雲《せいうん》の志《こころざし》」を持ち続けられるかどうかだろうと思う。自分を励《はげ》まし、批判に耐え、それでも高い目標を目指し続けることこそ、経営者にとって最も大切な心がけの一つであろう。従業員たちの家庭一軒一軒を守り、大きくなれば、株主のことも思いやり、さらにこの国と世界のあり方を憂《うれ》える。これが実践の中において経営者が成長してゆく真の姿でもあろう。

二〇一四年　六月十九日

幸福《こうふく》の科学《かがく》グループ創始者兼総裁《そうししゃけんそうさい》

幸福《こうふく》の科学学園《かがくがくえん》・幸福《こうふく》の科学大学創立者《かがくだいがくそうりつしゃ》　大川隆法《おおかわりゅうほう》

「実践経営学」入門　目次

「実践《じっせん》経営学」入門

―「創業《そうぎょう》」の心得《こころえ》と「守成《しゅせい》」の帝王学《ていおうがく》―

二〇一三年十二月十八日　説法《せっぽう》
東京都・幸福の科学総合本部にて

2　経営者「3タイプ」に必要な能力　21

3

「実践《じっせん》経営学」入門

――「創業《そうぎょう》」の心得《こころえ》と「守成《しゅせい》」の帝王学《ていおうがく》――

二〇一三年十二月十八日　説法《せっぽう》
東京都・幸福の科学総合本部にて

1　経営学は教科書だけでは分からない

『「経営成功学」とは何か』は経営学の総論

大川隆法　以前（二〇一三年九月二十四日）、総論として、「経営成功学とは何か」という話をしましたが（『「経営成功学」とは何か』〔幸福の科学出版刊〕参照）、あれ一冊では、残念ながら、経営学はできません。本当は、もっともっと必要なので、まだ総論の域を抜《ぬ》けていないのではないかとは思います。

そこで、少しずつ実践《じっせん》レベルを加味しながら話をしていければと思います。

マネジメントの話も本当は先日、話したかったのですが、マネジメント以前の、「仕事はどうしたらできるようになるか」というような、仕事論のレベルで止まっているので（『どうすれば仕事ができるようになるか』〈宗教法人幸福の科学刊〉参照）、まだまだ、まだまだ、道のりは遠いのです。

この程度の勉強で大きな企業《きぎょう》ができると思うなら、「甘《あま》い！」と思います。

まだ、「仕事が何とかできるようになるかどうか」のレベルから、必死で首を出そうとしているところであり、会社の経営

『「経営成功学」とは何か』（幸福の科学出版）

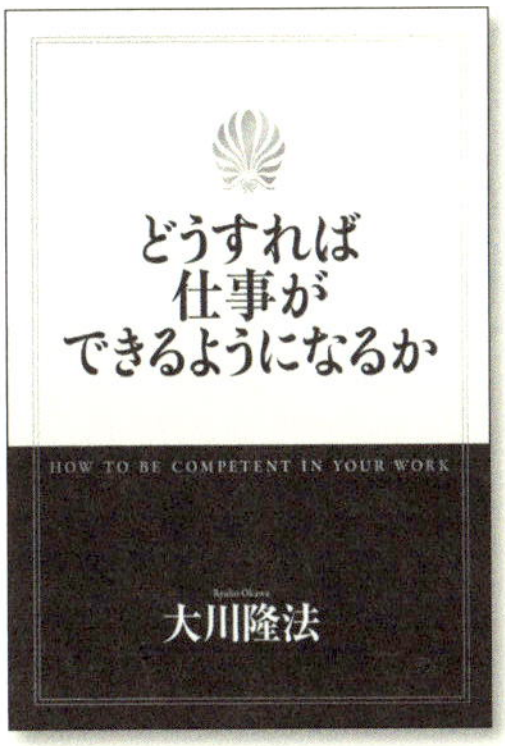

『どうすれば仕事ができるようになるか』（宗教法人幸福の科学）

者レベルの勉強ではなく、「どうやったら、平《ひら》社員から主任になれるか」というぐらいのレベルを勉強している可能性もないわけではないのです。

経営学者が「ありえない」と述べた『もしドラ』

大川隆法　今日（二〇一三年十二月十八日）もQ&A方式でやろうと思っています。

経営学の教科書を、みなさんもお読みになっていると思いますし、学生で何回も読む人もいると思うのですが、実は、教科書を読んでも「経営学」は分からないのです。

先日、当会にも協力的で、いろいろとアドバイスしてくださっている●野《の》田《だ》一《かず》

●野田一夫（1927～）経営学者。多摩大学名誉学長。ピーター・ドラッカーの著作の翻訳でも知られ、現在、一般財団法人 日本総合研究所会長等を務めている。

夫氏《お》が、次のようなことを書いていました。

いわゆる『もしドラ』、『もし高校野球の女子マネージャーがドラッカーの「マネジメント」を読んだら』という本が流行《はや》ったときがあり、その本では、「女子マネージャーがドラッカーの理論を使って野球部をマネジメントしたら、チームがどんどん勝ち始め、（「甲子園《こうしえん》」の地方大会で）優勝する」というようなことが描かれていました。

しかし、野田さんは、「野球部のマネージャーがドラッカーの著作を読んだところで、大いに成果があがって優勝するなんてことは、ありえない」というようなことを、はっきりと言っ

ピーター・ドラッカー（1909～2005）
経営学者、社会生態学者。「マネジメントの父」と呼ばれ、代表的著作に『現代の経営』『マネジメント』等がある。

ていました。

ドラッカーの著作の売上を増やしたければ、「そのとおりだ」と言ったほうが絶対によいのですが、ドラッカーを日本に紹介《しょうかい》した人が、『もしドラ』を「間違《まちが》いだ」というように言っていたのです。

野田さんは、「実際に会社の経営をやった人でなければ、ドラッカーの著作を読んでも分からないのだ。経営したことがあって、苦労したことのある人だったら、それを読めば、ドラッカーが言っていることの意味が分かるのだけれども、それをやったことがない人が字面《じづら》だけを読んでも、実際には分かっていないのだ」というようなことを言っておられました。

要するに、「畳《たたみ》の上での水泳の訓練のようにしかならないのだ」というようなことを、かなり手厳しく言っておられたのが、すごく印象深《ぶか》く残っているのですが、それは、ある意味で当たっていると思います。

また、ドラッカーが話題にしている企業の場合、「企業の規模」が大きいのです。ドラッカーは、かなり大きい規模の企業を相手にしているので、「一定の規模まで来ないと、ドラッカーの言っていることが分からないし、適用されない」という面もあります。

会社を自らつくり、小さなところから大企業にまでしたような人であれば、その発展段階の考え方を、もしかしたら、整理して理解し、それを伝えることができるかもしれません。しかし、忘れていくことも多いので、すでに、会社が大きくなったときの発言は、「中堅《ちゅうけん》企業へのアドバイス」としては、〝ずれる〟ことも十分にあります。

そのへんの〝難しさ〟があるので、経営学全般《ぜんぱん》、何にでも通用するような兵法があるわけではなく、現実には、経営をやりながら、自分にちょうど当たるレベルの問題集があるわけです。

「考え方の筋《すじ》」を勉強し、経営する際に、その使い方を考える

大川隆法　学生レベルだと、いちおう、アウトラインというか、「考え方の筋《すじ》」のようなものは勉強してもよろしいのですが、実際に経営する段になると、繰《く》り返し、それを復習しながら、実践に当てはめて、「どう使うか。どう応用するか。あるいは、それを捨て去らねばならないのか」ということを、いろいろと考えないといけないことは多くあると思います。

何か他《た》の方々の参考になるような質問もあるかと思いますが、最終的には、

それに対する答えを聞いても、学生のレベルでは、分からないものは分かりません。分かる人も、たまにいますが、それは本当に経営者的な筋がよい人です。それにピンと来る場合もありますが、ピンと来ても、自分が実際にそれを実行する立場に立たないかぎり、実は、本当の意味で分かったとは言えないところはあるのです。それを最初に申し上げておきたいと思います。

やや慎重《しんちょう》な始まり方ですけれども、今日は、「ブラック企業」と言われることも覚悟《かくご》の上で（会場笑）、私はブラックの色の服を着ています。

この服を用意した人が、最近、「ブラック企業」や「ホワイト企業」という言葉がよく使われていることを知っているのかどうか、私は知らないのですが、ブラックの服が出てきたので、「ブラック企業を目指せ！」ということかもしれませんし、「それが成功への道だ」という結論になったりするかもしれません。

通常の常識はさておいて、私が感じるところや考えるところについて、述べてみたいと思うので、よろしくお願いします。

2　経営者「3タイプ」に必要な能力

司会　質問者は司会より当てさせていただきます。質問のある方は挙手願います。

A――　私からは、経営の理論を実践《じっせん》していくための心構え、ポイントについて、総論的に質問したいと思います。

さまざまな理論を、自分の個別の事業に、どう当てはめていくのか。どの理論が必要で、何を捨てるべきか。この見極《みきわ》めは本当に難しいところです。

こうしたところについて、大きなポイント等がありましたら、ご教示いただだければ幸いです。よろしくお願いいたします。

経営にも「創業《そうぎょう》」と「守成《しゅせい》」がある

大川隆法　最初に大きく分けておかなくてはならないことがあると思います。それは何かと言うと、「経営にも『創業《そうぎょう》』と『守成《しゅせい》』がある」ということです。

創業は、もちろん字のごとく、起業、企業《きぎょう》を起こして大きくしていくことです。そういう人は、創業者と言われます。

守成は、「守って成る」と書きます。これは、企業を継承《けいしょう》し、維持《いじ》し、発展させていくことです。言葉を換《か》えれば、「潰《つぶ》さない」ことです。

今日（二〇一三年十二月十八日）は、「帝王学《ていおうがく》」という、別のテーマで話をしようかとも考えていたのですが、「帝王学」というと、みなさんは質問できないような気がしたので、やめました。「そういう立場にないので、無理だ」ということであれば、もちろん無理でしょう。ただ、いずれ、それについて話をしようとは思っています。

①「創業型」と「守成型」の二つのタイプ

大川隆法　創業と守成だと、帝王学は一般《いっぱん》には「守成」のほうを指します。「二代目に帝王学を授《さず》ける」「三代目に授ける」というかたちで、すでに出来上がった企業体が潰れないように、「どうやったら、このあと続いていくか」ということについての薫陶《くんとう》や方針を与《あた》え、指導していき、身につけさせるのが帝王学なのです。

政治レベルでは、創業を「覇業《はぎょう》」と言ったり、「建国」と言ったり、いろいろと言い方はあるかと思います。

創業のほうは、「小さなものを、発明・発見、アイデアの積み重ねで、だんだん大きくしていく。だんだん回転を大きくしていくようなかたちで、人を集めて育てながら、幾《いく》つかドロップアウトしていくのも経験しつつ、内部人材をつくって、企業を大きくしていく」というかたちでしょう。

こうした創業型と守成型とでは、少し違《ちが》いがあることを知っておいてほしいのです。

経営学の勉強においては、「その企業で経営担当をする人が、創業と守成のどちらの側に立っているのか」ということが一つあると思います。

自分がこれから起業するか、すでに小さな企業を持っていて、それを大きくし、中堅《ちゅうけん》企業から大企業にしていこうとする、創業者のタイプとしての方法論というか、経営学を勉強したいのか。

それとも、親から託された企業、あるいは、お祖父《じい》さんから親、そして自分へと託された企業を受け継《つ》いで、やっていくのか、ということです。

②「雇《やと》われ社長型」の経営者

大川隆法　さらに、もう一つの類型を言えば、「サラリーマン社長」というかたちもあります。いわゆる「雇《やと》われ社長」ですが、大きな企業になると、そういう人が多くいます。雇われ型で、任期があり、四年や六年、十年などの任期中に、社長業をこなしていくかたちです。

さらに割って考えれば、この三通りに分かれてくると思います。

今、「創業《そうぎょう》」はとても難しい

大川隆法　一般に、経営学等に魅力《みりょく》を感じる人の場合、創業者《そうぎょう》タイプに魅力を感じることが多くありますし、そのタイプが実際に偉《えら》く見えるのも事実です。

「大企業を一代でつくり、数千億円、数兆円の売上にし、社員数も、数千から一万、十万、二十万にまでなる」というようなことであれば、これは一つのロマンですし、「国盗《くにと》り物語」風にも見えます。

そういう意味では、誰《だれ》しも創業のほうが好きですし、参考になることもありますが、一般には、「創業も難しいが、守成はさらに難しい」と言われていま す。

私が若かったころは、いわゆる「バブル期」の途中《とちゅう》だったと思いますが、そのあたりでも、「会社の寿命《じゅみょう》は三十年」と言われていました。

三十年というと、だいたい、サラリーマンが会社に勤める平均年数と変わらなかっただろうと思われるのですが、それが、だんだん、だんだん縮まっていき、人の寿命のほうが、会社の寿命より、はるかに長い時代に突入《とつにゅう》しているのです。

さらに、二〇〇〇年代に入ってからは、創業にも、ある意味での難しさはあって、自分の努力だけでは成功できない面がかなり出てきました。政府の経済的な舵取《かじと》りや、外国からの要求、国際的な基準など、いろいろなものの影響《えいきょう》が出てき始め、また、グローバルな法律で規制されることも起きてきて、非常に難しくなってきました。

ニュービジネスも数多く淘汰《とうた》されていくことは、もう目に見えているので、みなさんがご存じの有名なニュービジネスも、おそらくは、やがて激突し、どちらかが倒《たお》れるようなことが起きてくるのは間違いないでしょう。

したがって、「今、有名である」ということや、「今、社業が盛《さか》んである」ということが、先の安定を意味しているわけではありません。

だから、今は、創業もとても難しいのです。

数はもう言えませんが、十社が起こって、三年後に一社が残っているかどうか、十年後には百社に一社が残っているかどうか、分からないぐらいの難しさがあります。もちろん、「小さな個人企業を何とか守り切る」というようなレベルなら、違うかもしれませんが、会社として昔のようにやろうとしたら、そのくらいの感じになる可能性はあるのです。

不況《ふきょう》や震災《しんさい》等が起きるため、「守成《しゅせい》」にも厳しいものがある

大川隆法　さらに、企業を守っていく「守成《しゅせい》」のほうにおいても、それなりに、不況《ふきょう》や業界の不振《ふしん》がいろいろと起きたり、専門外の事象、例えば、震災《しんさい》や外国の政変などまでかかわってきたりするため、「業務を維持できるかどうか」ということになると、やはり、かなり厳しいものがあります。

一九九〇年代の日本の「バブル潰し」によっても、そうとうな影響が出ました。

例えば、ダイエーの場合でも、その「バブル潰し」によって、土地の担保価《たんぽか》値がガサッと下がったため、銀行からの借金の担保を満たせなくなりましたが、堪《こた》えたのは、それだけではありません。

一九九五年の「阪神《はんしん》・淡路《あわじ》大震災」のときには、ダイエーは大活躍《だいかつやく》し、ずいぶん早く店を開いて救援《きゅうえん》も行《おこな》ったのですが、あの震災によるダメージは、やはり、そうとうあったように聞いています。これには避《さ》けがたいものがあるでしょう。

「何か予期しないことがあったときの備えができるか」と言われたら、できる場合もありますし、不可能な場合もあります。

例えば、小笠原《おがさわら》諸島のほうで、今、新島《しんとう》が出来上がっており、現時点では、甲子園《こうしえん》の二倍ぐらいの大きさにまでなっています（説法《せっぽう》時点）。これがどのくらいまで大きくなるか分かりませんが、「島が出来てよかった。国土が増えた」と思うかもしれません。

しかし、これが、もし、「富士火山帯《ふじ》」で富士山までつながっていたら、どこかで〝パッカーンと行く〟かもしれません。

富士山の裾野《すその》のどちら側に行くか分かりませんが、そこだけに大きな工場を持っているとか、そこに本社があるとか、そこで旅館業をやっているとかいう場合には、「当たりが悪ければ、逃《に》げようがない」ということはあるかもしれません。

「全国に展開していて、そこは一部なので、被害《ひがい》は一部で済む」ということなら、まだよいかもしれませんが、予想していないところで、そういうことが起きることもあるかもしれないのです。

そういうことまで計算に入れ始めると、物理の「不確定性原理」が経営のなかにも入ってきて、もはや、信じられるものは何もない世界に入ってしまいます。そのため、非常に難しいのです。

「負けない戦い」について常に考えておく

大川隆法　ですから、経営をする方々は、心の力を用いて、その成功を願い、「希望を実現していく」という強い念《おも》いの下《もと》に、やっていかなくてはいけないのは当然のことですが、同時に、そうしたプラスイメージの成功概念《がいねん》を裏打ちするべきものとして、やはり、「負けない戦い」について常に考えておくだけの心の余裕《よゆう》は必要です。

今は、敵陣《てきじん》を攻撃《こうげき》することばかり考えているかもしれませんが、やはり、「いざというときには、〝持ち駒《ごま》〟のなかで、どれを使い、どのように守りに入るか」ということも考えておかなくてはなりません。「攻《せ》め」も「守り」も、両方とも考えなければいけないことがあるのです。

経営者には「勘《かん》のよさ」と「運のよさ」が必要

大川隆法　神秘的な言い方になって申し訳ないのですが、経営者は、グーッと突《つ》き詰《つ》めていくと、最終的には「勘《かん》」が大事になります。

この世的には、合理性に合理性を重ね、ありうべきことを徹底《てってい》的に考え、集められるだけの材料を集めて分析《ぶんせき》し、経営の理論も使えるだけ使い、考えて考えて、この世的にやれるだけのことをやって、詰めなくてはいけないのですが、やはり、最後には、どうしても飛び越《こ》さなくてはいけない部分があります。

一般従業員にはとても飛び越せないけれども、経営者には、飛び越さなくてはいけない部分があるのです。

この「飛び越さなくてはいけない」というところでは、やはり勘が働きます。「この勘が外れるか、外れないか」ということは、やはり大きいと思います。

それが、結果的には、「運がよい」ということにもなると思うのです。

こういう意味での「勘のよさ」と「運のよさ」の部分は、実は、宗教修行《しゅぎょう》をしていても十分に鍛《きた》えられる部分です。

〝貧乏神《びんぼうがみ》〟を落とす研修もあるかもしれませんが、現実に、神仏の光に接している時間を多く持つことによって、一瞬《いっしゅん》の判断をよくしなくてはなりません。

車の運転中、曲がりくねった山道《やまみち》などでは、一瞬の判断ミスで命を落とすこともありますが、「そういうときに的確なインスピレーションが下りてくるかどうか」ということは大きいと思います。

ここから先は、学問的な領域としては、なかなか認知しがたいものになるとは思いますが、創業および守成の、これだけの厳しさのなかで、生き延びているところは、結果的に、「努力に努力を重ねた上で、さらに、勘がよく、運がよい人たちだ」と言わざるをえないのです。

企業《きぎょう》にとっての「徳」とは何か

大川隆法　その意味では、何代か続いていくところでは、やはり、「先代からの徳が、減らずに〝貯金〟されている」ということも大事でしょう。

その「徳」とは何かということですが、それは、最終的に、「会社が危機に陥《おちい》ったときに、顧客《こきゃく》が見放すか、見放さないか」ということだと思います。

商品を売る側、サービスを提供する側が、強い立場にあるときには、幾らでも買わせることはできたでしょうが、そういう強い立場にないとき、要するに、「競争過多で、お客様のほうが選べる段階にあるときや、買わなくてもよい時期が来たときに、買い支えてくれるかどうか」というところは、先祖伝来《せんぞでんらい》の蓄積《ちくせき》された「徳」の部分ではないでしょうか。

「仕事をしながら、そのなかに、どれだけ他の人々への愛や思いやりを込《こ》めてきたか。真心《まごころ》が本当だったか、単なる売り文句だったか」が試《ため》される時期が来ると思うのです。

また、人間は、成功しているときには、誰でも本当にいい調子で、機嫌《きげん》もよいとは思うのですが、そういうときに調子に乗りすぎないことも大事でしょう。

ときどき、よい運がめぐってきて、調子がよいときには、社業のいいときがあるのですが、そのときに徳を使い切ってしまわないことが大事だと思うのです。徳を使い切ってしまわないで、常に「備え」を怠《おこた》らず、「いかにして、社会的な公器として存続できるか」ということをトップが考えているかどうか。

これが大きな分かれ目ではないかと思います。

「企《き》業《ぎょう》の赤字」をどう考えるべきか

大川隆法　それぞれに器《うつわ》があるので、器相応《そうおう》にものを考えたほうがよいと思うのです。数としては、小さな企業《きぎょう》のほうが多いでしょうが、小さな企業であっても、やはり、基本的に税金を払《はら》いたくないので、赤字を出しているところが多いと思います。

しかし、赤字というのは、〝出血が止まらない状態〟なのです。幾ら体が大きくても、血の量が多くて出血が止まらず、止血できていない状態であれば、いずれは体がもたなくなることは間違いありません。

「引き続き融資《ゆうし》を重ねていかないかぎり、会社は潰れる」という状態の自転車操業をし、さらに、「追い貸《が》し」を受けていかなければもたないような企業は、病院で点滴《てんてき》を受けているような状態であり、「点滴を外したら危ない」というような状況なので、やはり、基本的には健全体ではないのです。

「甘《あま》い話」を聞いても、踏《ふ》みとどまる勇気を

大川隆法　それから、順調なときには、緩《ゆる》んでくることがあるので、「甘《あま》い話」に乗らないことが大事です。「これなら、一発、大きく成功するかもしれない」というような甘い話があるときに、踏《ふ》みとどまる勇気を持たなくてはなりません。

たまに有楽町《ゆうらくちょう》辺りに行くと、七億円が当たる「ジャンボ宝くじ」を売り出していることがあるのですが、ずいぶんと列になって並んでいるので、「みな、七億円が欲《ほ》しいのだろうな」と思います。

私も、「七億円が当たったら私なら何をするか」と考えてみたのですが、「当

会ぐらいの規模になると、もし七億円が転がり込んできたとしても、あっという間に消えるだろうな」と思いました。

きっと、当会の国際本部の「HSネルソン・マンデラ基金」（注。世界から差別や貧困《ひんこん》をなくしてゆくことを目指し、国際的な支援活動を展開していくために設《もう》けられた基金）か何かに変わるか（『ネルソン・マンデラ ラスト・メッセージ』〔幸福の科学出版刊〕参照）、フィリピンの巨大《きょだい》台風（注。二〇一三年十一月にフィリピンに大きな被害をもたらした台風。『フィリピン巨大台風の霊的《れいてき》真相を探《さぐ》る』〔幸福の科学出版刊〕参照）の後始末《あとしまつ》のために、一瞬で消えてしまい、それで終わりになるのではないかと思います。

『ネルソン・マンデラ ラスト・メッセージ』（幸福の科学出版）

　しかし、普通《ふつう》のサラリーマンであれば、七億円は、大変な金額だと思います。

　それでも、そういう不労所得《ふろうしょとく》で入ったお金は、やはりパッと使ってしまうものなのです。それを堅実に上手に使っていくのは、なかなか難しく、それほど簡単にできることではありません。

　「そのように、コロッと大きなお金でも入ってきたり、うまい商売が入ってきたりすることが、あったらいいなあ」と思うこともあるでしょうし、たまには、一回ぐらい、成功することもあるかもしれません。

　しかし、世の中には、悪いことを考えている者も、いることはいるのです。

　これは、マージャンその他の勝負事、賭《か》け事でよく行われることですが、カモ

『フィリピン巨大台風の霊的真相を探る』（幸福の科学出版）

をつくる場合、最初は勝たせてやり、誘《さそ》い込み、だんだん〝はまって〟きて、やめられなくなってからあと、取り返しにかかることがあります。

そういう手合いにかかったら、大変なことになります。最初は儲《もう》けさせてくれるので〝その気〟になっていると、気がつけば、いつの間にか逃げられないようになっていて、全財産を巻《ま》き上げられているようなことだってあるのです。

世の中には、そういう悪いことを考え、蜘蛛《くも》が、蜘蛛の巣にかかった昆虫《こんちゅう》を締《し》め上げていくように、財産を取りにくるタイプの人間もいることはいるので、従業員を守る立場にある人は、そういうものに対しても強くなくてはいけません。誘惑《ゆうわく》に弱いと、あっという間に罠《わな》にはまってしまうことがあります。

「現状維持《いじ》」ではなく、「もう一段の発展」を目指す

大川隆法　経営はストレスが多い仕事なので、経営者には気苦労《きぐろう》も多いのですが、自分が思ったほどには人がほめてくれるものではなく、どちらかというと、苦情など、いろいろと悪く言われることのほうが多くて、ストレスがたまっているのです。

そのため、酒を飲みすぎて体を壊《こわ》す人や、気晴らしがしたくて、破滅《はめつ》型の人生に踏み込んでいく人も数多くいます。「ストレスの管理」ができないのです。

また、家族にもそうとうのプレッシャーがかかるので、家庭のほうにもヒビが入ってきます。

このように、いろいろな意味での難しさがあるのです。

ですから、自分が勉強して能力を上げていき、「できる範囲《はんい》は、どんなところなのか。自分に許されている範囲は、どのくらいか」ということを、よく慎《しん》重《ちょう》に考えつつ、やはり、基本的にはトータルで「もう一段の発展」を目指さなければなりません。「現状維持《いじ》だけを守っていれば、潰れるのが普通だ」ということを知っておいたほうがよいのです。

私は、いろいろな店を見てきましたが、本当によく潰れるのです。これは私が東京にいるからかもしれませんが、「こんなに潰れるか」というぐらい、店がたくさん潰れていくので、「競争が厳しいのだなあ」と思います。

いったい、どこがそれほど違うのか、分からないぐらいです。店を出す人たちは、みな自信を持っているのですが、「別の所で成功していても、ここでは失敗する」ということがあるのです。それが競争の難しさです。立地や家賃、土地代など、いろいろな要因があるのでしょうが、「実に厳しいな」と思います。

各新聞社は、今、堂々たる社屋《しゃおく》を構えていますが、「このなかで幾《いく》つ残るかなあ」と思います。私は、新聞社の社員が、首から社員証をぶら下げ、堂々と昼飯《ひるめし》を食べに出ているのを見ていると、「十年後に、この会社はあるだろうか」と思うことがよくあるのです。

テレビ局も同じです。それは、彼らにとって、ものすごく怖《こわ》いことでしょうが、十年後に会社があるかどうか、保証の限りではないのです。

もちろん、会社としては一生懸命《いっしょうけんめい》にやっていても、政治絡《がら》みで何か変動が起きることも当然あるので、実に実に、厳しいものだと思います。

「次の時代に出てくるものは何か」を見破る

大川隆法　トータルで言うと、まず、自分中心で個人的な企業からやる人は、「創業か守成か」ということをよく考えてください。

「創業」のときには、やはり、チャンスを活《い》かして勝負をかけていかなくてはなりませんし、リスクを冒《おか》さなければいけないこともあります。そういうものを乗り切っていかないかぎり、大きくなることは、まずありません。

次の「守成」の段階、「帝王学」の段階になってきたときには、やはり、使う人の選び方もよく考え、意見を言ってくれる「参謀《さんぼう》」、耳に痛いことも言ってくれる「参謀」を持たなくてはいけません。それを内部で全然言ってくれなくなったら、外部から言ってくれる人を持たなくてはならないのです。

そして、何よりも、社会の変動をずっと見ていかないと駄目《だめ》なのです。

「現在、何が流行《はや》っているか」ということを、よく知る必要は当然ありますが、現在ただいま流行っていることをやった段階では、もうすでに手遅《ておく》れで、勝ち目はないのです。

時代に遅れないために、すでに流行っているものを知っておく必要はあります。しかし、「それが流行っている」ということを、誰もが知っているときに、その〝バス〟に乗ろうとすることは、もはや、ギュウギュウ詰めの車内に押《お》し込まれるのと同じ状況であり、快適な旅ではないということです。

ですから、本当に企業家として成功したかったら、そうしたものを、大評判になる前に見抜《みぬ》かなければ駄目なのです。

流行《りゅうこう》のものについては、時代から遅れないために、知っておく必要はありますが、誰もが飛びついているときに、それに飛びついたら、たいてい駄目になります。それをよく知っておいたほうがよいのです。

そして、「次の時代に出てくるものは何か」ということを見破らなくてはなりません。黒い土を静かに見ながら、「ふきのとうが、どこから頭を出してくるか」ということを考え、土の少し盛り上がったところをジーッと見て、「ここから出てくるな」ということを見破らなくてはいけないのです。

これが経営者の立場で、〝ふきのとう〟がもうすでに地上に姿を現したあとでは、もう誰かに取られるものなのです。

「逆算型の経営」の危険性

大川隆法　それから、宣伝で、やたらと、よいことを流す場合があるので、これに引っ掛《か》からないように気をつけないといけません。宣伝だけでいろいろお金を集め、パッと消えるようなものもたくさん出ているのですが、知識が十分になければ、苦しくなるとそういうものに手を出してしまうこともあるのです。

少し前に映画でも流行りましたが、「M資金」という融資話があります。「戦後のGHQの隠《かく》し資金であるM資金というものがあって、これを借りれば助かるのだ」という話が映画になっていましたが（注。映画「人類資金」。二〇一三年十月公開作品）、あれは話としては本当にあるのです。

それを私も経験しています。当会も、M資金なるものの話を持ち込まれたことがあるのです。

それは、当会の総合本部が「紀《き》尾《お》井《い》町《ちょう》ビル」に入っていたころで、一九九一年に「講談社フライデー事件」（注。講談社が「週刊フライデー」誌上などで幸福の科学を誹《ひ》謗《ぼう》・中傷したことに対して、信者たちが抗《こう》議《ぎ》した出来事）が起き、当会が〝兵《ひょう》糧《ろう》攻《ぜ》め〟をされていたときです。

幸福の科学出版が取次店を通して書店に出していた本の全部に対して、大手の出版社が強いパワーで返品をかけさせ、本を売らせないようにしたのです。

それはちょうど、当会が広告費も大きくかけているときで、キャッシュフロー

映画「人類資金」（2013 年 10 月公開）

があまりないときでした。

発展を予想し、いわゆる逆算型で、「最終的に、ここまで行くとしたら、このくらいの投資をしていかなくてはならない。そうしないと、この発展はない」という考え方があり、それは理数系的な発想でもあるのですが、経営学について、そういう本を書いている人もいます。

ファーストリテイリング（ブランド名はユニクロ）の柳井正《やないただし》さんは、「最終的にこうだったら、そこから逆算し、このようにやっていかなくてはいけない」ということを勧《すす》める、その本を読んで感動して、それを〝いちばんの本〟に挙げているのですが、あれは倒産《とうさん》するタイプの経営書です。柳井さんは、それを教科書にしている方です。

実は、私はそのやり方で、ひどい目に遭《あ》ったのです。

一九九一年の二月ごろ、「年内に百万人を目指せ！」という目標を打ち上げたのですが、当時、当会の職員の事務方《かた》には理系のエリートが多かったので、そのエリートの責任者は、「年内に百万人になるとすると……」というかたちで〝逆算〟し、設備投資計画や人員計画、コンピュータ計画など、百万人になったときのための計画をつくり、すぐに実行したのです。

その後始末は、けっこう大変ではありました。そういうことは、やはり、実際にお金が入ってからやらないと駄目なのですが、頭がよすぎると、それを待っていられないので、早めにピシッと線を引きたくなるわけです。

そういうときに〝兵糧攻め〟を受けたりすることは、事前に考えられないものですが、実際にそういうことがありました。

幸福の科学に来た「M資金の話」

大川隆法　そのときに、ちょうど「M資金の話」が来ました。

人を介《かい》して、「実は、GHQのM資金というものがあって、それで助かった企業がたくさんある。松下幸之助《まつしたこうのすけ》さんも、実は、それで救われたことがあるのだ」と言われ、「本当だろうか」と思ったのです。

先方は私と「一対一で会いたい」と言っていたのですが、たまたま、当時、事務局に大手銀行出身の人がいたので、その人だけ陪席《ばいせき》させたのです。面談後、その人は、「これは、さすがに危ないのではないでしょうか。やめておきましょう」と言っていました。

私も、「やはり、そう思うか。私も危ないと思う。『松下幸之助さんが、戦後の苦しいときに、それを借りた』と言っていて、そうなのかもしれないけれども、やはり、危ないから、これはやめておこう」ということで、やめたのです。そうすると、その一カ月後ぐらいの日経新聞に、「M資金詐欺《さぎ》が横行《おうこう》」という記事が出ていました（会場笑）。

ちょうどバブル崩壊《ほうかい》の時期であり、「バブル潰し」によって、銀行がお金を引き揚《あ》げ始めたので、いろいろな企業で急に資金繰《ぐ》りが悪化し、「M資金というものがある」と言われると、それに引っ掛かってしまいやすい時期でした。

そのM資金をもらうためには、最初に少し、何か（申込金や手数料など）を出さなくてはならないのですが、先方は、担保かお金か、何かを出させ、それを持ってサッと逃げ、パッと消える仕組みなのです。

そういう話が来たことが、一回だけあります。

当会が、経営的に見て危なかった時期は、二十七年の間で、それ一回しかないと思います。経営的に危なかったのは、そのマックス（最長）三カ月ぐらいかと思うのです。

あとは堅実に立て直しをかけていきました。

ただ、当会の場合、それまでは、信者さんからあまりお金を集めていなくて、講演会などのときにだけ、お金を出してもらうような感じでやっていたのですが、「教団が大変らしい」ということになったら、お金を出してくださるようになり、宗教らしくなってきました。

副産物としては、よいこともあったわけです。

ですから、心に誘惑への隙《すき》があると、私のように財務を専門にしていた人であっても、やはり、ふっと心が動きかけるときはあって、そういうものに引っ掛かりそうになることがあるのです。

有名な人の名を挙げられ、「松下幸之助さんも、それを使って助かったのだ」とか、当時は亡《な》くなっていましたが、「GLAをやっていた高橋信次《たかはししんじ》さんも、それをもらったことがあるのだ。訊《き》いてみたら分かる」とか言われ、何となく信じてしまいそうになるところはあったのですが、それについては、何とか断りました。「当会は、そういうものはやりません」ということで、お引き取りいただいたのです。

この時期に、当会の大発展計画の下《もと》に、急遽《きゅうきょ》、採用された多数の支部長たちのなかには、翌年《よくねん》以降、職員ではなくなってしまった人たちもかなりいて、非常に気の毒ではありましたが、そのあと、在家《ざいけ》で活躍なされたと思います。

経営で「背水《はいすい》の陣《じん》」は何回も使えない

大川隆法　要するに、「単に逆算するだけの経営は、それほど甘いものではない」ということです。

自分だけの都合《つごう》では世の中は動かないので、同業他社や異業種の動き、政府や国際レベルでの変動、カントリーリスクなど、いろいろなものがかかわってくるので、それだけの心の余裕を持っておかないと危ないのです。

ときどきは「背水《はいすい》の陣《じん》」で戦わなくてはならないときもあります。そういう時期は経営者には必ず来るのですが、いつも「背水の陣」を敷《し》いていては駄目です。これは、極力《きょくりょく》、避《さ》けなければいけないのです。

ただ、そういう経験をすることは、おそらく、一生のうちに一回や二回、あるとは思うのです。

韓信《かんしん》が「趙《ちょう》」の国を攻めたときの戦いがそうです。

韓信があまりにも強く、劉邦《りゅうほう》のほうは、よく負けてばかりいるので、韓信の軍が強大になるのを恐《おそ》れた劉邦は、「よこせ」と言って、韓信の精鋭兵《せいえいへい》たちを巻き上げ、自分の軍のほうに組み入れてしまいました。そして、韓信に、「おまえは、新しく兵を集め、また訓練して戦えばよいではないか」というようなことを言ったの

韓信（前３世紀～同196）
劉邦（漢の高祖）の大将軍として無敵の強さを発揮し、漢王朝成立の立役者となった。

です。

韓信は、精鋭兵たちを取り上げられ、まだ訓練ができていない新兵ばかり三万人ぐらいで、敵の二十万の軍と戦わなくてはいけないことになったのですが、「今さら訓練しても、もう間に合わない。訓練して精鋭兵に変える時間は、とてもない」ということで、河の前に陣を敷きました。これが、いわゆる「背水の陣」です。

「なぜ、こんなことをするのですか」と仲間からも言われましたが、韓信は、「もう新兵を教育する暇《ひま》はないので、これが、全体に火をつけて燃え上がらせる術《じゅつ》なのだ」と、何だか分からないことを言ったのです。

ただ、相手のほうは、二十万の兵を有して驕《おご》っており、「韓信は、名高かったけれども、なんだ、兵法も知らないのか。河を背にして陣を敷いたら、これでは、ボロ負けではないか。河に押し込んだら、もうそれで終わりではないか」と考え、一気に二十万人で押し出しました。

相手の副将のほうは、「韓信は曲者《くせもの》なので、危ない。残っていたほうがよい」と言って止めたのですが、「いや、一気に蹴散《けち》らしてしまえる。二十万 対 三万では、負けるわけがない。全部、河に追い落としてしまえばよい」ということで、ダーッと攻め込んでいったのです。

韓信は、実は、二千騎《き》だけ分けていました。彼らは敵の後ろに回り、敵が攻め出したあと、パッと敵の本拠《ほんきょ》を占領《せんりょう》し、漢の旗をたくさん立てたのです。

そうすると、相手は驚《おどろ》いてしまい、「挟《はさ》み撃《う》ちにあった」と思って混乱し、結局、わずか三万の軍に敗れてしまったのです。

このように、「背水の陣で燃え上がらせ、新兵を精鋭兵に切り替《か》える」という手を使ったケースもありますが、そういう手は、一般には、それほど何回も使えませんし、兵法に反していることも事実です。

それだけの「運の強さ」と、いかなる状態でも奇略《きりゃく》・奇策を使って切り抜けるだけの「胆力《たんりょく》・知力」がある人には、そういうことができる場合もありますが、普通の人がやると、たいていの場合には、予想どおり全滅になるのが普通です。

「そういうこともある」と知りつつも、自分の実力・器量をよく考えて、やっていったほうがよいのです。

「守成《しゅせい》」の難しさ――自分の能力の限界を超《こ》えるには

大川隆法　「二代目以降が多い」と言われる守成《しゅせい》、いわゆる帝王学の部分では、どうしても、甘やかされている場合や、会社として脇《わき》が甘くなっている場合が多く、事業が成長するような環境《かんきょう》にあったために成長した場合が多いのですが、やがて、逆風が吹《ふ》いてきたり、ライバルがたくさん参入してくる時期に入ってきたりするので、いっそうの厳しさを感じなければいけません。

本当は、二代目は、創業者と同じ能力だったら、その能力が半分ぐらいにしか見えないのです。「二倍あって、同じぐらいの能力にしか見えない」というのが守成の難しさなのです。

守成の場合、帝王学として学ばなくてはならないことは、「自分の能力の限界を超《こ》えて経営をしていく場合に、チームをどう組み立てるか」ということです。それを考えなくてはならないのです。

自分とは役割の違う、能力のある人を、どのように組み合わせてチームをつくり、事業を継承していくか。自分の足りざるところを補い、意見を言ってくれる人材がいるかどうか。これが大事です。

それから、未来の業態予想については、今、真剣《しんけん》に勉強しておかなくてはいけません。あぐらをかき、「自分の業界は、この業界だから」と思って、その業界のことだけに関心を持っていたら、ほかのところが大きく変化していて、駄目になることもあります。

「サラリーマン型の経営者」の選び方

大川隆法　「サラリーマン型の経営者」の場合には、だいたい、常務クラスに上がってくるまでの間に、かなりの「選別」は終わっています。

常務クラスというのは、だいたい、その部門の長《ちょう》、一定方向の部門の長ですが、専務から上になると、その部門を統括《とうかつ》するだけでは駄目で、幾つか複数の部門について、「経営的な視野」を持っていなければいけなくなってきます。

ここからが、だいたい、社長になるための帝王学をやらなくてはならないところです。

常務ぐらいまでは、エキスパートとしての自分の能力を活かし、突っ走っていって成功すれば、うまくいくわけですが、専務から上になってくると、複数の分野が見えていく目をつくらなくてはなりません。

自分が精通していなかった分野、専門知識を持っていない分野についても、見る力が必要になります。

そのためには、例えば、兼任《けんにん》させて「複数のところを見ること」をやらせるか、いろいろなところを経験させて「複数の目を養う」か、どちらかしかないのです。

そういうことで、「一つのところのエキスパートだけではなく、ほかのところまで見て、指揮者のように各楽器を合わせられる経営能力があるかどうか」を試される時期が、専務から上の時期になります。

それで、さらに選別がなされるわけですが、社長に選ばれるときには、やはり、「時代の流れに合っているかどうか」ということが大きいでしょう。「こういう時代だから、今、この人が社長に向いている」という選び方は、当然、出てくるだろうと思うのです。

伝統的な、百年もたっている企業は、なかなか大きくて、安心のように思えるのですが、今は、〝百年企業〟が潰れ始めている時代でもあるので、実に厳しいと思います。

もっと言えば、日本もほかの国もそうですが、政府自体が潰《つぶ》れる時代に入っているわけです。

それは国際社会の〝怖さ〟です。「自分の国をこうしたい」と思っても、「そのやり方では国際社会が認めない」ということがあって、「国際基準に合わせた行動を取らなくてはならず、今までのやり方だったら潰れてしまう」という時代が来ることがあるのです。

そういう意味で、今は百年企業も潰れますし、政府であっても潰れる時代なので、「サラリーマン型の経営者」になった人でも、必ずしも安全とは言えない時代に入っています。

「光明思想《こうみょう》」についての正しい考え方

大川隆法　いずれにしても、コツコツとした努力や勉強、修行、将来についての研究も、やはり怠ってはならないのですが、さらに、それを乗り越えた「見識」というか、「勘《かん》」も大事です。
「見識」も「勘」も、ある程度の高さになると、〝打率〟が同じぐらいになって、似てくるのですが、そうした「勘」を外さないことが大事なのです。

経済には、基本的には、「上がりの波」と「下がりの波」しかないので、それほど難しいものではないのですが、どうしても自分に都合のいいようにしか考えないことが多いのです。

光明《こうみょう》思想によって、「周りが全部、自分の都合のいいように動いてくれる」と思うなら、この光明思想は間違いです。

自分自身の心のほうを、プラスのものを引きつけていく方向に鍛え上げ、ねじ曲げていき、成功する方向に自分を導いていくのが、本当の光明思想であり、「周りが自分にお膳立《ぜんだ》てをしてくれて、自分に都合がいいように世間《せけん》が変わってくる」と思うなら、それは〝甘すぎる〟と考えるべきです。

まだ緒論《しょろん》なので、このくらいにし、次に行きましょう。

3 「一億の壁《かべ》」「十億の壁」を破る法

B――　私は幸福の科学大学で「経営成功学部」を担当しております。私は、幸福の科学の信者さんの会社を回らせていただいたりもしますが、かなり規模が小さいところが多いように感じます。ただ、これらの会社のなかから、おそらく、将来のコングロマリット（複合企業《きぎょう》）が生まれてくると思います。

そこで、まずは、「いかにして、（売上）一億の壁《かべ》、あるいは十億の壁を破っていくか」ということ、そして、最終的にコングロマリットになっていくための、「経営者としての自己変革」の要諦《ようてい》のようなものを、お教えいただければ幸いです。

「借入金《しゃくにゅうきん》は必ず返さねばいけない」と知るべし

大川隆法　今、あなたが言ったように、壁はあります。だいたいは「売上の壁」です。

会社形態をつくって始める場合、通常、「売上一億」は最初の壁です。ハードル的には、これを超《こ》えられないところがほとんどです。

これを超えられないときには、自分の能力も含《ふく》めて、その人が持っている経営資源が足りず、それ以上に行けるだけのものがない場合があります。

「超えられない」ということで、細々《ほそぼそ》と生き延びていくのも一つの道ではありますが、それだと、いつ（大きな企業に）呑《の》み込《こ》まれるか分からない状況《じょうきょう》ではあります。

では、大きいほうが強いかというと、必ずしもそうとは言えない面もあるのです。大きくなろうとすると、どうしても資金需要《じゅよう》が発生するので、資金を必要とします。その資金を、たいていの場合、金融《きんゆう》機関から借りることになりますが、小さな企業の場合には、その担保《たんぽ》になるものがほとんどないわけです。

もっとも、景気がよい場合には、その企業の成長度を見て、相手が緩《ゆる》く審査《しんさ》し、貸し出してくれたり、個人的なコネクションやつてをたどることで、融資してくれる場合もあります。また、上からの業務命令で、金融機関等が〝貸し出し競争〟をしているようなときだったら、軽く借りられます。

ただ、やはり、「借入金《しゃくにゅうきん》には、必ず、返さなくてはいけない時期が来る」という、基本的なことを知らなくてはいけません。これを忘れてしまうのです。

銀行やその他の金融機関が、お金を貸したがるとき、今のように日銀がジャブジャブとお金を出そうとしているようなときには、何とかして〝出口〟を探そうとしており、ノルマを立てられると、それを消化しに入ってきます。そのため、深く考えずに、とにかく、その数をさばこうとするところはあると思います。幾《いく》らでも内部に虚偽《きょぎ》報告を書きながら、融資したりする場合もあります。

しかし、方針が変わったときには、すぐにコロッと変わってしまい、あっという間に切られていくので、優良企業は残っても、経営基盤《きばん》が弱いところは潰《つぶ》されやすいのです。

「将来は発展する」と言っても、占《うらな》い師ではあるまいし、将来が分かるような人はいません。また、占い師で、大いに経営に成功した人の話は、あまり聞いたことはないのです。

経営に成功するなら、占いなどやっていないでしょう。今、銀座《ぎんざ》には占い師はあまりいないかもしれませんが、上野《うえの》などで占い師をしている人に、それほど大きな経営に成功している人がいるとは思えないので、「自分のことは分からない」ということでしょう。

今は〝昔の方程式〟が通用しない

大川隆法　銀行のほうが融資する姿勢を見せると、経営者は、基本的に、「その利息分だけを払《はら》えば、何とかいける」と考えることが多いのです。
そして、「あとは、ずっと貸し続け、ロールオーバー（再融資）してくれればよい」ということで、「元本《がんぽん》を返さずにやれる」と思うのですが、やはり、どういう環境《かんきょう》変化が起きるか分からないわけです。

有名な大企業で、一九九〇年以降、傾《かたむ》いたところは、みな、それです。そういう会社は、「これだけの大きさになったら、銀行は、もはや逃《に》げられない」と思い、「お金を大きく借りていればいるほど、強い」と言っていました。

「小さい借金だったら、銀行からいじめられるけれども、借金が大きすぎると、今度は逆に、借りたほうが威張《いば》っていて、銀行のほうは、逃げるに逃げられない。『潰れるときは一緒《いっしょ》で、共倒《ともだお》れだよ』ということで、デンとしていられる」というようなことを言っている人も、けっこういました。

しかし、やはり、潰れていくものは潰れていっています。

先日（二〇一三年十二月五日）、セゾングループの堤清二《つつみせいじ》さんの霊言《れいげん》（『渋谷《SHIBUYA》

をつくった男』〔幸福の科学出版刊〕参照）を収録し、今日（二〇一三年十二月十八日）の朝、その校正をしていたのですが、ああいう流通業のところは、貸出金を止められたら、やはり回らなくなり、グーッと回転していたものが回転しなくなるでしょう。

ずっと銀行が貸し続けてくれれば、必要経費を払い、利益の部分が銀行の利子《りし》を超えて出れば、それで計算上やっていけますが、突然《とつぜん》、「全額、返してください」「半分、返してください」などと言われたときに、それだけの蓄《たくわ》えがなく、売り払えるだけの担保のようなものも持

『渋谷をつくった男』（幸福の科学出版）

堤清二（1927～2013）

っていなければ、潰れてしまいます。

担保に価値があるようなときだったら返せますが、だいたい、価値があるようなときに、「返せ」と言うわけがありません。ますます価値がなくなってくると思うときに、だいたい「返せ」と言ってきます。売りたくても、買ったときより値段が下がっていて、売るに売れないようなときに限って、「返せ」と言ってくるものなのです。

このへんについて、〝昔の方程式〟は、だいたい、「借入金を中心にして、三年で軌道《きどう》に乗せて採算を取り、あとは、ロールオーバーをして利益がカバーできれば、何とかやっていける」というものでした。

「銀行と末永《すえなが》くお付き合いをしましょう。そのためには、メインバンクを必ず決めて、『いざというときには、メインバンクが救ってくれる』という体制をつくりましょう」というのが、戦後できてきた体制ですが、一九九〇年以降は、メインバンクも救済されない状態がたくさん起きてきたのです。

今の銀行は、いろいろな銀行が合併《がっぺい》してできた、コングロマリット状態の銀行であり、銀行の名前まで変わってしまっているので、今までのよしみというか、「長年、○○銀行と付き合っていました」という情実が全然効かなくなっていて、銀行が助けてくれるかどうか、もう分からない状況になっています。

そういう意味で、極《きわ》めて厳しいのです。

先行き、景気が厳しければ、株での資金調達も難しい

大川隆法　株式で資金を調達しようとしても、それもまた同じ状態です。

「先行き、景気がよくなる」という状況であれば、資金を集めやすい状態になりますが、「先行き、景気が厳しくなる」ということであれば、金融機関も〝締《し》まり〟ますけれども、株による資金調達も、やはり厳しくなっていきます。株価が上がるような状況にはなってこなくて、資金調達は難しくなるのです。

そのため、だんだん、〝危ない筋《すじ》〟のお金を借りるようになります。銀行資金を返すために、少し危険なタイプのノンバンクからお金を借りるなどして、だんだん、いろいろな人に追いかけられ始め、転々と引っ越《こ》しをするようになります。そして、子供が学校に入ると住所がばれるので、学校になかなか入れなくなるなど、そういうことがたくさん起きてくる状況があるのです。

実に厳しいのですが、これには国家経営の問題も絡《から》んできますし、それもまた、民主主義社会では、投票によってコロコロ変わるので、安定していません。

戦後の高度成長と、自民党政権が四十年ぐらい続いたことは、ある意味では合っていたのだろうと思いますが、これからは、まだ、少し不安定な状況が続くのではないかと思います。

明日《あす》の経営者を育て、「経営者の再生産」を

大川隆法　「小さな企業を大きくできるかどうか」ということですが、売上が一億円未満から一億円ぐらいの企業でしたら、やはり、それは基本的には「トップ一人の能力」に大部分かかっていると思われます。

そして、売上が十億円ぐらいまでの企業も、トップ以外の人材で、それほど傑出《けっしゅつ》した人がたくさんいることは、あまりないのです。

急成長企業で、小さいうちから大きくなる場合には、そういう人がいることもありますが、通常は、十億円ぐらいまでの企業に、傑出した経営能力のある人が、きら星のように何人もいることは、めったにありません。十億円ぐらいまでは、ほとんどトップ一人ではないかと思います。

ただ、その間に、自分一人が働くだけではなくて、「どうやったら人を養成できるか」ということを考えなくてはならないと同時に、明日《あす》の経営者を育てなければいけません。「経営者の再生産」をしなければいけないのです。規模は小さくてもよいのですが、任せられる範囲《はんい》を、できるだけ増やしていかなくてはならないわけです。

実際、自分で企業を始めた人にとって、他人に通帳と印鑑《いんかん》を渡《わた》すのは怖《こわ》いことであり、やはり、なかなかできないものです。「持ち逃げをされた」という話など、幾らでもあるのです。通帳と印鑑を渡していたら、あっという間に「とんずら」されてしまうことがあるので、番頭でさえ信用できません。

それから、社長がいい格好をして外回りばかりしていたり、出張ばかりしていたりすると、勝手なことをされてしまっていることは、しょっちゅうあります。

そのへんの危機を乗り越えなくてはいけません。

身内の能力をシビアに見切れ

大川隆法　ですから、会社が大きくなる前に、経営危機が、まず内部で起きるのです。これは、「信用できる人をつくれるかどうか」という問題です。

たいていの場合、最初は親族あたりを使って会社をやるわけですが、奥《おく》さんや叔父《おじ》（伯父《おじ》）さん、兄弟、親、子供などを使ってやる場合でも、能力の問題はどうしても出てきます。

親族であればあるほど、その能力に関する査定がしにくいというか、厳しいことになりますし、いったん与《あた》えた権限を取り上げるのも難しいことになります。

極端《きょくたん》に言えば、〝北朝鮮状態《きたちょうせん》〟が起きるわけです。おそらく、「後見人のような叔父さんであっても、うっとうしくなってきたら、〝粛清《しゅくせい》〟してしまう。殺しておかないと、とにかく、うるさくてしかたがない」というようなことであろうかと思いますが、そういうこともないわけではありません。

最初は、身内しか信用できる人がいないことが多いのですが、能力にそうとう差があるので、「身内の能力までシビアに見切れるかどうか」ということについては、なかなか厳しいところがあります。

それから、いったん与えた権限を取り上げるのは、それほど簡単なことではありません。

では、身内を信じないで、他人のほうに金庫の鍵《かぎ》を預けたり、通帳や印鑑を渡したりできるかというと、やはり、それなりに怖さがあります。小さな企業でしたら、持ち逃げされる可能性は十分にあります。

社員が数名程度の会社だったら、経理課長一人が〝悪《わる》さ〟をすれば、あっという間に、いろいろなものがなくなっていったりします。一人で悪さができてしまいます。

あるいは、コンピュータを操作する人が悪さを一人でやって、消えてしまうこともあるので、このへんが難しいところなのです。

ここでは「人物運」もあると思います。「いかに、信用できる人を引き寄せられるか」というところも、運もあるとは思うのですが、やはりその人が発しているオーラに引かれて来るものがあるのです。

博打《ばくち》性の高い仕事をずっとやっているようなところに、楽しみを感じている人は、やはり、そういうタイプの人を呼びやすいし、長所と欠点があまりにもはっきり見えすぎる人の場合には、「どこが弱点か」を見られ、足をすくわれることも当然あります。

致命《ちめい》的失敗は避《さ》け、小さな失敗から「教訓」を学べ

大川隆法　そして、社長の場合も、やはり、「強いところ」は一つであることが多いのです。

「技術に強い社長」「営業に強い社長」「事務系の仕事に強い社長」もいれば、「財務・経理に強い社長」もいますが、実際に強いのは、たいていは一つで、あとは「そこそこ」というレベルしかないのです。

ですから、会社が大きくなっていく過程で、力関係も変わってくることがあります。

何か急にグーッと発展する部門が出てくると、そこの言い分が通ってくるの

です。例えば、「営業部長が入ったら、やたら売上が二倍、三倍になった」となったら、やはり、その人を信用し、その人の言うことをきいてしまいます。ところが、「今まで成功しているから、いいかな」と思ったら、「二倍、三倍までは行けたけれども、五倍、十倍になったら、ポシャッとなってしまった」というようなことは、やはりあるのです。これは、その人の能力の限界が見えないからです。

ですから、どのようなところでもそうなのですが、やはり、小さいうちから失敗を重ねていかないと駄目《だめ》なのです。

フェイタル（fatal）というか、致命《ちめい》的な失敗をしてはいけないのですが、小さな失敗をして、教訓を学び、「ここのところを、どのように考えるか」ということをやらないといけません。

社長は各部門の仕事について知る努力をせよ

大川隆法　当会の組織の場合でも、いろいろな部門の仕事があるので、全部を自分ではできないのですが、それぞれの仕事について、私が知らないわけにはいかないということです。

今は、各局や各本部があって、関連の組織もありますが、最初のころには、局長だけがいる局も多かったのです。「とりあえず、その役割のところに、局長だけがいて、下がいない」というあたりから、だんだん組織ができていったのです。

すると、その人の思うようにやらせながら、どこかで黄信号が出てくるときがあるので、「この人は、このようにする」というパターンが、だいたい分かってきます。その人のやり方を見て、「このようにやるのだな」ということをだいたい知った上で、「どこまで任せられるか」ということの〝見切り〟をしなくてはいけません。

また、「自分には分からなくてもよい」というところは、できるだけ少なくしていかなければなりません。遅《おそ》くても、少しずつでもよいので、いろいろなことについて知ろうとする努力をしていかないと駄目なのです。

以前にも話したことがあるのですが、実は、私は「幸福の科学出版の三代目社長」だったのです。つまり、初代と二代目の社長がいたのです。

もともと、著者である私が自分でほとんど本を書いていたのですが、「著者が社長というのは、あまり外見《がいけん》がよくないから、社長は弟子《でし》にやらせたほうがよかろう」と思って、最初は弟子に社長をやらせたのです。しかし、うまくいかないことが多く、三代目で私が社長をやって、そのあと、また次に譲《ゆず》っています。

ただ、「社長」と名が付くと、弟子であっても、「無決済でやれる」というので、あっと驚《おどろ》くようなことを、けっこうやるのです（笑）。

したがって、その人の弱点と長所とを、よくバランスを持って見なければいけません。

また、営業出身の人にやらせると、とにかく売ることしか考えていないので、「返品や在庫などを考えていない」とか、「人の使い方を考えていない」とか、「他《た》の部門の仕事のことを考えていない」などということもあります。

ですから、やはり、小さい会社の場合、基本的には、社長が自分でできるだけ分かろうとする努力をしなければいけません。

自分ができるようになったものを、他の人に任せた場合には、だいたい、他の人のやっていることが分かるのですが、「自分がまったく分からないのに、他の人に頼《たの》む」ということには、なかなか厳しいものはあります。そのことは知っておいたほうがよいと思います。

「自分ができる仕事を他の人に渡す」というのはよいのですが、「誰《だれ》かが勝手にやってくれて、大きくなったらいいな」と考えても、なかなか、そううまくはいかない面があります。

ですから、少しでもよいので、その業界についての勉強を続けていくことが大事です。

「経営チーム」がないと、会社は大きくならない

大川隆法　それから、ドラッカーも（霊言等で）言っているとおり、「社長の業務は五つぐらいはあるかもしれないか、自分が実際にできるのは二つか三つが限度で、それ以上はできない。もし能力が五つ全部揃《そろ》っていたとしても、自分で全部はできないのだ」ということです。どれかを選ばなくてはいけないので、ほかの部分については、誰かに任せないかぎり、できません。

そういう意味で、チームは必要であり、最低でも二人必要です。あるいは三人、あるいは五人という「経営チーム」がないと、やはり大きくはなりません。

この経営チーム、最初のコア（核《かく》）がつくれなかった会社は、大きくはなら

ないのです。

会社の規模を大きくできない人の場合には、社長としての能力の限界に当たっていると思うのですが、まずは、「経営チームを組むぐらいの人が、一人、二人と、家族以外でも出てくるかどうか」が大事です。

その場合、「他人であっても、印鑑と通帳、金庫の鍵を渡したり、会社の重要なコンピュータをいじれる立場に置いたりしても、大丈夫《だいじょうぶ》かどうか。日曜日も行って見張っていなくてはいけないほど危険かどうか。そのへんで信用できるかどうか」ということはあります。

「信頼《しんらい》に応《こた》えようと思うタイプ」に任せよ

大川隆法　当会の場合、わりに最初から一流企業の社員なども、ずいぶん職員として来てはくれました。一流企業の社員は、「仕事ができるかどうか」は別として、多少なりとも品性は持っており、「こういうものは、社会的には、やってはいけないのではないか」とか、「やってもよいのではないか」ということを判断できるぐらいの〝しつけ〟を受けていることが多くて、その点では、ある程度、信用はできました。

ただ、業務形態が明らかに変わっているので、「違《ちが》った業務形態で能力を発揮できるかどうか」については保証の限りではなく、「優秀《ゆうしゅう》である人ほど、〝破《は》壊力《かいりょく》〟は大きい」ということがけっこうあって（会場笑）、そのへんの被害《ひがい》には、いかんともしがたいものはありました。

ただ、「元いた会社で、いちおう品性の教育や善悪のしつけを受けている」というようなところでは、信用できた面はあると思います。

また、私は、当会では、わりに早い時期から、お金の面を他人に渡しました。当会は一九八六年の十月に事務所を開いています。最初のころの規模は小さくて、全然話になりませんが、翌一九八七年の六月ぐらいに事務局長が入ったあたりから、実を言うと私自身はもう、通帳も印鑑も何もいじらない状態でやっていました。意外に早いうちから他人に任せていたのです。

相手が、「任されたので、何をやっても構わない。しめしめ」と思うようなタイプでしたら、大変なことになるのですが、相手が「信頼《しんらい》に応《こた》えよう」と思うタイプの人であれば、大胆《だいたん》に任せても安心できます。

私は、いろいろな方向でやろうと思えば、やれるのですが、自分としては、全体的に見ると、元の職種とはやや違い、トップとしては、どちらかといえば、メーカーの技術開発に少し近い部分が多かったかと思います（笑）。そちらの部分が多かったような気がするのです。

「トップ自身の能力」が伸《の》びていかなくてはならない

大川隆法　私は、自分ができる部門を、ほかの人に任せたりしましたが、それから、「人の入れ替《か》え」もずいぶん多く行いました。「一つのところだけをやって、ほかのところが見えない人」が、同じポストにずっと座《すわ》っていると、けっこう難しいこともあったりするため、〝異業種〟を経験してもらわないといけないこともありました。

そういう場合、その仕事がズバリ専門ではない可能性が高いのですが、そういう人を訓練し、経営者のパートナーを増やしていけるカルチャーをつくることができなければ、売上十億円、二十億円、三十億円、五十億円、百億円という大きさの企業には、絶対になりません。

売上十億円を超えられない企業は、おそらく、経営チームを組むだけのパートナーを持っていないはずです。せいぜい、奥さんが経理部長をしているレベルで、たいてい止まっているはずなのです。

したがって、「そうした重要なことを人に任せられるかどうか」という器量もかかっていますし、「眼力《がんりき》」、「見抜《みぬ》く力」も、ある程度、必要だと思うのです。

とにかく、中小企業ほど、社長はオールマイティーでなければいけないので、非常に難しいところだと思います。

中小企業の社長は、とても忙《いそが》しく、ある意味では、会社が小さいほど社長は忙しいのです。

大きな会社になればなるほど、社長は、実際上の収益にかかわる仕事をしなくなっていくことが多く、顔つなぎや挨拶《あいさつ》などが、だんだん増えてきますが、小さいところほど、上の人が忙しいケースは多いのです。

そういうことで、会社を大きくしたかったら、まずは、「経営チームの構築」が必要です。ただ、経営チームを構築しても、トップ自身の能力が伸《の》びていかないかぎり、大きくはなりません。

結局、一億円企業が五億円企業になろうとしたら五倍、一億円企業が十億円企業になるとしたら十倍、やはり、社長の知っている範囲が広がらなければそうはならないのです。それが普通《ふつう》です。

「取引の期間」は業態によって違《ちが》う

大川隆法　それから、「どのくらい取引が続いていくような業態か」という考え方も、一つあると思います。

非常に短いスパン、短い時間で商売を終えてしまい、新しいところを開拓《かいたく》しないかぎり、取引が入らないような業種もあり、そういう短い視野で見ている人の場合には、全体的に大きくしていくのは、かなり難しいのです。

宗教などでしたら、死ぬまでずっと信者を続けていただくことが大事なので、「三カ月間の売上がどうか」とか、「一年間の売上がどうか」とかだけを言ってはいけない部分があります。やはり、長く続けていただくことが大事なのです。

例えば、「一度、この商品を買ってしまったら、もう要《い》らない」というものがあるでしょう。「家には駐車場《ちゅうしゃじょう》が車一台分しかないので、こんないい車を買ってしまったら、あとは要らない」ということもあれば、「こんなに大きい冷蔵庫を一個買ったら、もう、しばらくは要らない」ということもあるでしょう。

同じように、「それをやってしまったら、そのあとは、しばらく用がない」というような仕事と、「ずっと末永くやってもらわなくてはいけない」というような仕事とがあり、業態に違《ちが》いがあるので、そのへんの兼《か》ね合いは大事かと思います。

「百億企業《きぎょう》」のトップに必要な「見識」と「自己拡大」

大川隆法　百億円企業《きぎょう》ぐらいになってくると、ある意味での「見識」が高くならないと駄目になります。自分の会社のことしか考えていないような人では、〝百億円の重み〟には耐《た》えられないのが普通だと思います。

自分の会社を超えて、同業他社や世の中全体についての動き、物事のよし悪《あ》し、善悪やトレンドについても、少しは見識を持つぐらいにならなくてはいけないのではないかと思います。

その意味で、内的な拡大というか、「自己拡大」は絶対に必要であり、「自分の人間的魅力《みりょく》に比例して、相棒を集めることができる」ということです。そのへんを考えていただきたいのです。

むやみに売上だけを上げることが、よいこととは限りません。売上だけを上げようと思えば、数字を出すことはできるかもしれませんが、そのあとでパシャッと潰れることがあるので、そのへんの見極《みきわ》めは必要です。

年間百冊の著作を出し続けられる理由

大川隆法　先般《せんぱん》（二〇一三年十二月五日）、堤清二さんの霊をお呼びしたのですが、お呼びしたときの段階で、幸福の科学出版は、その年、私の著書で外売り（書店向け）のものを九十七冊も出していました（二〇一三年の外売り著作は百六冊）。

それに対し、堤さんは霊言のなかで、「一人の著者で年《ねん》に約百冊も本を出して、もつのか」と言って、親切な忠告をなされました（前掲《ぜんけい》『渋谷《SHIBUYA》をつくった男』参照）。

「百冊なんて、これは、一生かかって書くような冊数ではないですか。それを一年で売ってしまったら、そのあと、どうするんですか。もう、出せるものがなくなるではないですか」と、親切に心配してくれました。

普通はそうなのだと思うのですが、まだ、いちおう、自分なりに考えているものはあり、「今後も続けていけるだろう」と思っているので、やっているところがあるのです。

私がそれをやっている間《あいだ》に、人が育ってくるとよいのですが、それには少し時間がかかります。学習して、プロフェッショナルの人たち、教師に当たる、他の人を教えることのできる人たちが育ってくるまでには時間がかかるのです。これは、普通の宗教では「二十年かかる」と言われています。支部長ができるのに通常は二十年かかり、「二十年、信者として活動した人でないと支部長になれない」というのが、普通の教団です。

ただ、当会の場合には、「入ってすぐに支部長」というケースは、幾らでもあります。

そのため、本当は、いろいろなところで不十分な仕事をしていて、信者さんから、「おかしいのではないか」と言われ、教団の信用を毀損《きそん》するようなこともあると思います。

その部分を、私の著書や講演会などでカバーし、「まあまあ、私がまだ頑張《がんば》っていますから、離《はな》れないでください」と頑張ってみせているわけですが、だんだん、支える部分がしっかりしてくると、私のほうには、もう少し余力が出てくるわけです。

最終的には、私自身が、いろいろなところで大事な人には会えるぐらいの時間的余裕《よゆう》を、多少なりともつくれるようになるまでにはなりたいのですが、それには、宗教としての底力が必要ではないかと思います。

幸福の科学の組織運営の正しさは「教え」で点検される

大川隆法　しかし、今のところ、私は、例えば、政党（幸福実現党）を立てるに当たっては、政治の勉強を自分でもしなくてはいけませんし、学校をつくるに当たっては、教育のところについて、「受験」の部分から「学問の領域」までの勉強をし直さなければならず、勉強しなくてはいけないことは、まだまだたくさんあるのです。

映画についても、素人《しろうと》でありながら、長年、「たくさんの映画を観《み》て批評眼《がん》を養い、映画のつくり方なども研究して、勉強しなければいけない」と思い、それを実践《じっせん》していくうちに、だんだん目が肥えてきます。

何でもそうですが、関心を持たなければ、できるようにはならないのです。

私の場合も、勉強する期間がとても長く、勉強する範囲が広いので、無駄な部分というか、義理を欠いている部分はそうとうあります。それが、全部、自分の本来的な性格ではありませんが、必要に迫《せま》られて、そのようになっています。

その分、弟子が自由に〝飛んだり跳《は》ねたり〟できている部分が、一部、いろいろなところで残ってはいるのですが、それは、次第《しだい》しだいに外堀《そとぼり》から埋《う》まっていくことになります。このように説法《せっぽう》したり、本を出したりすることで、だんだん埋まっていくのです。

「この経典には、こう書いてある」などと言って、いろいろな人がチェックし始めるので、職員に対しても、「言っていることが、おかしいのではないか」と、チェックがかかってくるわけです。

そういう意味で、最終的には、「教えの部分」で、血管のようなものを組織の全部に通しています。「教えのところで、一般会員や職員からもチェックが利《き》くようになっている。組織が正常に運営されているかどうか、ほかの人の目で点検されるようになっている」というかたちになります。

機械的な対応では、残念な「機会損失」が起きる

大川隆法　このように、会社の規模が大きくなるのは面白《おもしろ》いのですが、責任は、それなりに厳しくなりますし、自分の自由にならないことのほうが多くなりますす。本当に、人に頼《たの》まなくてはいけないことのほうが多くなって、自分の好きなようにできないのです。

私は、今、思い返してみて、いちばん楽しかったのは、当会の職員数が五十人ぐらいだったときです。五十人といったら、（会場の聴衆《ちょうしゅう》を見て）このくらいでしょうか。これより少ないかもしれません。

五十人ぐらいのときには、もう、「何をしても失敗しない」という感じでし

た。

思いついたことは、何をやっても構いませんでした。五十人ぐらいのときには、ひらめいたことは全部やって、何をやっても成功しました。失敗は全然なかったのです。

何をやっても、お客さんはいつも溢《あふ》れていました。本を出そうが、行事をやろうが、何をやっても、いつも大変な人気で、何倍もの人気で、うまくいっていたのです。

事務方が、いかにも愛想《あいそう》の悪い対応をし、本当はクレームが発生していても、とにかく人気のほうが高いので、「入場を断られても、しかたがない」というような状態でした。

「私は、朝の三時に、新潟《にいがた》の佐渡島《さどがしま》から出てきたのですが、講演会に入れてくれないのですか」と言われても、「すみませんが、もう、定員の倍の人が来ておりまして、多くの方に帰っていただいております。さようなら」というようなことを、事務方は平気でやるのです。

もし、私が「佐渡島から朝三時に出てきた」と直接聞いたら、「何とかしてやりなさい」と言うはずです。

「佐渡島から朝三時に出てきたのか。それは、いくら何でも、かわいそうだ。しかし、席はない。これ以上、二階に入れたら、二階が落ちるかもしれないから、消防法からいって、二階に上げることもできない。しかたがないから、カーテンの横で聴いてもらいなさい」ということぐらい、私だったら、おそらく言うでしょう。

ところが、私を通さなかった場合には、「お帰りください」と言っていたのです。事務方には経営責任はないので、そういうことが平気で起きていました。

私の場合は、当会のハワイ支部で海外説法をしたときには（二〇〇七年十一月十八日説法「Be Positive《ビー ポジティブ》（積極的であれ）」）、やはり、会場に入る人数より多くの人が来ましたが、当然ながら、入場を断ったりはしませんでした。「職員は私の演壇《えんだん》の横に座りなさい」と言ったので、当時の国際局長などは私の真横に座っていました。

そして、ぎりぎりまで前のほうに座らせるように席をつくり、会場の後ろのほうのソファも外し、ぶち抜きにして、目一杯《めいっぱい》入れさせました。

「これだけの定員しか入りません」という言い訳はきかないのです。せっかく来てくださった方を、少しでも多く入れなくてはいけないわけです。別に、「前に向かって座らなくてはいけない」という理由はなく、聞こえたらよいので、「内輪《うちわ》の人は、どこに座っても構わない」ということで、そのようにしたのです。

そのため、ハワイでの説法のときには、実は、私の横や後ろに人が座っていました。ハワイなどにめったに来られるものではないから、来た人たちを断れないのです。

私だったら、そういうことをするのですが、人に任せたら、機械的に整理してしまうことは、当然ながらあるでしょう。そのへんでは、残念な「機会損失」が起きると思います。

そういう経験を積みながら、「雪だるま式」

ハワイ支部での説法（2007 年 11 月 18 日）の様子。

に自分も大きくなり、組織にも経験知を蓄えていかなくてはならないということです。

トップは「組織の生き筋《すじ》」を知らなくてはならない

大川隆法　経営に関しては、私はスティーブ・ジョブズの例をよく出しています。

彼が創業したアップル社は、製品がよく売れ、会社の規模が大きくなりすぎたため、「経営できない」ということで、外部から経営者を呼んだところ、逆にジョブズは追い出されてしまいました。

しかし、やはり、「会社の筋《すじ》として、技術をつくれない会社は、アップルではなかった」ということで、結局、彼は、ほかのところを経営したあと、またアップルに戻《もど》ってきたわけです。

ただ、ジョブズを追い出したほうだけが悪いとは必ずしも言えない面はあって、「経営ができなかった」ということは事実だと思うのです。

彼は技術の開発のほうに集中しており、とにかく、人の先を行くことばかり考えていたので、ほかの人の言うことをきかなかったところはあると思うのです。そのあと、外で修行《しゅぎょう》している間《あいだ》に、多少なりとも苦労して、「経営の心」が分かる面もできたのでしょう。

最後に、ハッピーなかたちで〝古巣《ふるす》〟に帰れて、よかったと思いますが、ああいうこともあ

『公開霊言 スティーブ・ジョブズ 衝撃の復活』
（幸福の科学出版）

るのです。

ですから、「この団体組織の、いちばんの生き筋は何なのか」ということを、知っていなくてはいけません。トップが、その生き筋から外れたら、組織としての寿命《じゅみょう》はなくなります。

もっとも、それだけではやっていけないところがあるので、きちんと支える部門のところで、力量のある人をつくらなければいけません。それができなかったら、必ず内部崩壊《ほうかい》を起こすのです。

幸福の科学が一九九〇年代に宗教学者から指摘《してき》されたこと

大川隆法　当会は、一九九〇年代以降、他《た》の宗教からも、ずいぶん悪口は言われてきています。「いずれ、大きくなったら、運営ができなくなって分裂《ぶんれつ》する」とか、「一代で大きくして、すぐ潰れる。そんなの、よくある話だ」と言われたこともあります。

一九九一年の「講談社フライデー事件」のときには、覆面《ふくめん》調査で、いろいろなところに調査をかけてみました。

マスコミのなかには、「今まで営々として信用を積み重ねてきたのに、こんなことで信用を失ってしまい、もう最後ではないか」というようなことを言っているところもあ

「講談社フライデー事件」での抗議デモ。

りました。それは読売新聞です。「せっかく、今まで苦労して信用を積み重ねてきたのに、こんなところで信用を失《な》くすのか」というようなことを言っていたのです。

また、日経新聞は、最終ページのあたりに、「岐路《きろ》に立つ幸福の科学」というようなことを書き、紙面をバーンと大きく割《さ》いていました。「はたして、大教団になって生き残るか。これで消えてしまうか。幸福の科学はどうなる?」というような内容でしたが、普段は、そのような記事を書いたことなどないのに、「他人事《ひとごと》だ」と思って、そういう記事を載《の》せていたのです。

それから、学者などの意見も調べましたが、山折哲雄《やまおりてつお》氏は、「今のように、〝アメーバ型〟で、言いたいことを言い、何でも好きな教えを説いて、広げていったらよいのだ」と言ってくださったので、私はホッとしました。

「二代目以降で体系的に整理すればよいのだから、やりたいことをやったらよい。『オリジナリティーがない。寄せ集めだ。宗教のデパートだ』というような批判をされているが、全然気にしないでよい。アメーバ的に広げれば、いずれ、オリジナリティーは十分にできてくるから、大丈夫だ」というようなことを、答えていました。

それから、当時、東大の助教授（現在は名誉《めいよ》教授）だった島薗進《しまぞのすすむ》氏は、「幸福の科学を、どう見ますか。弱点はどこですか」と質問されて、「弱点は教祖《きょうそ》の実務能力のところだ。教祖に実務能力がありすぎる。これが弱点だ。宗教で、実務がこんなにできる教祖はいない。『教祖が、こんなに実務ができる』ということは、『宗教的に発展できない』ということを意味している」というように答えていました。

「教祖は、実務のほうに関心があるので、実務に必ず手を出してくる。自分でやらないと気が済まないので、教祖が実務のほうに手を出してくるが、そうしているかぎり、宗教的な広がり方ができないはずだ。

普通、教祖は、神が降りてきて、神がかりの状態になる時間がたくさんあるため、教祖のほかに、実務のできる人がいて、教祖の周りを固めていかなくてはならない。

それで、〝御輿《みこし》を担《かつ》ぐ人〟と〝担がれる人〟の役割分担ができ、大教団になるのだけれども、幸福の科学では教祖が実務をやりすぎるので、そこが必ずネックになって、成長の限界が来るだろう。一定の人数のところで限界が来るはずだ」

そのときには、このようなことを答えておられたのです。

教祖《きょうそ》の実務能力が、教団を守ることもある

大川隆法　このように、いろいろな意見がありましたし、どれも、外れているわけではないでしょうが、やはり、物事には両面があると思います。

確かに、実務のところに口を出して、やっているところもありますが、よその宗教がたくさん潰れているのに、おかげさまで、当会が潰れていないのは、実は、そこのところに違いがあるのです。

ほかの宗教では、教祖《きょうそ》は少し「この世離《ばな》れ」をしており、いろいろなインスピレーションを受け、〝天の声〟を聞けるのでしょうが、その天の声には何が入っているかが、本人にも分かりません。そのため、例えば、「サリンをつく

って、東京上空から撒《ま》け」というような声が聞こえてきたら、それをやってしまったりします。

しかし、きちんとした仕事のできる人が、それを聞いたら、「これは、おかしい」ということぐらいは分かります。

したがって、これが当教団を守ったところもあると思います。

ただし、弟子のほうについても、「実務の分担」をさせながら、「宗教家としての面」も育つようにしてきたつもりではあるので、両方の面が入っていると思うのです。

育つのが、やや遅《おそ》いように見えるところもあるかとは思うのですが、一定の教育期間を取って、育てているつもりではあります。

それで三十年近くたったので、幹部らしき人の数もそうとう増えてきました。

理事・局長に相当する人は、今は五十人を超えていると思うので、かなり増えています。

私は、それぞれの仕事について、基本的には、ほとんど口を出していません。今は、「稟議《りんぎ》」ではなく、「報告」が上がってくるだけなので、私が決裁しているものは一部しかありません。

人事などについては、「決裁」というかたちになっていますが、マル（○）を付ける以外に方法がないのです（会場笑）。マルを付けたくなかったら、自分で面談するしかなく、「本当に、その人がよいかどうか」ということは、本人を見てみないかぎり分からないので、ほとんど、マルを付けるしかないわけです。

バツ（×）を付けたことは過去に一件しかありません。履歴書《りれきしょ》から見て、

「霊障《れいしょう》だ」という判断ができた人の場合に、バツを付けたことが一回だけありますが、基本的にはマルなので、あまり言わずに、やらせてはいます。

そのように、いろいろな経験をしながら現在までやってきて、何とか、もってきました。

還俗《げんぞく》された方であっても、そのあと、在家《ざいけ》で活躍《かつやく》してくれた方も数多くいます。そのなかには、能力のある方はたくさんいたのだと思うのですが、使い切れなかった面もあると思います。若くて能力が高いけれども、その人を上の人が使えなかった面もあったかもしれませんし、「時期が来ていなかった」という人もいたと思います。

社会全体に影響《えいきょう》を与《あた》える企業《きぎょう》は「天命」に殉《じゅん》じよ

大川隆法　とにかく、最終的には、やはり、トップが〝船長〟なので、トップの見識が高くならなければ、会社の発展は無理で、どこかで〝ずっこける〟ことになります。

そういう意味で、最後には、やはり「天命」を信じたくはなります。

企業《きぎょう》としても、小さいうちは、「天命」というほどのものではないでしょうが、大きくなり、社会全体に影響《えいきょう》を与《あた》えるような公器になってきたら、やはり、「天命」に殉《じゅん》じなくてはいけない面は出てくるのです。

その意味では、「大きくなればなるほど、その責任の重さや、『判断の正しさ』というものの重みを分かるような人間に、変わっていかなければならないのではないか」と考えます。ただ、これは簡単ではないと思います。

あなた（質問者）に指導されて、売上一億円の規模が百億円になるのであれば、あなたはもう簡単に独立できます。企業を百倍にできる男がいたら、それは引っ張りだこです。今の年収で止まるわけがありません。当会の理事長よりたくさんもらわなくては、やっていられないでしょう。そのくらいになるはずです。

しかし、それほど簡単ではないので、やはり人生は難しいのです。

いろいろな問題が出てくるので、それらを解決していくと、どうしても発展が鈍《にぶ》ってきます。発展には、当然、リスクも伴《ともな》うので、「退却《たいきゃく》できる範囲も残さなければいけない」というところはあるのです。

現在の幸福の科学は「強固な基盤《きばん》」を持っている

大川隆法　今のところ、私たちは新規事業をたくさん行《おこな》っていますが、フィリピンの巨大《きょだい》台風のようなものが世界各地で起き、国際本部の支部が全部潰れたとしても、当教団は潰れません。そういう体質を持っています。

幸福の科学学園および幸福の科学大学が、大赤字を出して、経営的には倒産《とうさん》に当たるような結果になったとしても、当教団は潰れません。政党（幸福実現党）が百連敗しても、当教団は潰れません。

それだけの強固な基盤《きばん》を、いちおう持ってはいるのです。

その代わり、手堅《てがた》い部分がある反面、華《はな》やかなスタンドプレーをしないところがあるので、ずいぶん無駄な単打（シングルヒット）をたくさん打っているように見えるところはあるかもしれません。

ただ、それには、将来に対する布石《ふせき》として打っている部分が、かなりあるので、そのときが来たら分かる面はあるのではないかと思います。

これは、「教える」というよりは、お互《たが》いにとって課題の部分なので、当教団のほうのノウハウがアップすれば、それを学んでいる人も大きくなるだろうと思うのです。

ただ、普通の経営コンサルタントが教えている会社の規模よりも、当会は大きな経営規模でやっているので、分かる範囲は大きいのではないかと思っています。

また、「国家レベル」での指南もしてはいるので、評論家が国家に対して意見を言い、非難しているのと、当会が言っているのとでは、確かに重みが違う面はあると思います。

現実に、組織運営を経験したり、経済の動向を感じたりしながらやってきた者が、学問的なものも裏付けに持ちながら言っていることと、そうでない者が言っていることとでは、やはり、その重みに違うものがあるでしょう。

財務省は〝単眼〟で、国全体の景気が見えていない

大川隆法　私は最近、毎月何回か、財務省に勤めている友人の夢を見るのですが、今朝（二〇一三年十二月十八日）も夢に出てきました。彼は、よほど悩《なや》んでいるのでしょう。

「国家経営のあり方について、本当に、これで大丈夫なのか」「アベノミクスは本当に大丈夫なのか」ということを、やはり悩んでいるのだろうと思います。よく夢に出てくるのですが、通常、特定の人がこれほどよく出てくることはないのです。

私は霊体質《れいたいしつ》なので、弟子《でし》(の守護霊《しゅごれい》や生霊《いきりょう》)が来たら、すぐに本人を捕《つか》まえて、「あなたは、こんなことを言ってきたが、どうなのだ」と言って、翌日には、たいてい決着をつけられます。

しかし、財務省にいる人は、そういう立場の人ではないので、何回でも来られるわけでしょうが、おそらく、「国家経営は、これで本当によいのか。間違っていないのか」というところで、悩んでいるのだろうと思います。

日銀が、ずっと間違い続けていることについては、当会が指摘《してき》して(『日銀総裁とのスピリチュアル対話』（幸福実現党刊）参照）、日銀が方針を変えたら、あちらのほうは成功に転じました。

財務省も、本当は、ずっと間違え続けているのですが、どうしても変えることができないでいるので、「事務次官のクビを切ったぐらいでは変わらない」という体質はあるのでしょう（『財務省のスピリチュアル診断《しんだん》』（幸福実現党刊）参照）。

結局、財務省には、自分の省としての「収入と支出」のところは見えるのですが、「それは会社の収入・支出とは違うの

『日銀総裁とのスピリチュアル対話』（幸福実現党）

『財務省のスピリチュアル診断』（幸福実現党）

だ」ということが、もうひとつ分からないのです。「国全体の景気がよくなって、トータルで税収が増える」というところが、まだ見えないでいるのだろうと思います。

残念ながら、「税金が増えれば、収入は増える。減れば減る」というぐらいにしか見えていないので、すごく〝単眼〟であり、本当は頭が悪いのです。ところが、「頭がよいはずだ」と思っているところに〝悲しみ〟があり、どうしてもそこをクリアできないでいるのです。

ですから、当会の言うことをきいたら、崖《がけ》から飛び降りるような、気違いじみたことをやるように感じ、悩んでいる人は多いだろうと思います。

ただ、今のところ、政治的なことについて当会の発言が外れたことは、ほとんどありません。この的中率は、易者《えきしゃ》だったら十分に食っていける的中率です

（会場笑）。的中率が八十パーセントもあれば、けっこう宣伝になりますが、的中率は百パーセントです。自分たちの政党（幸福実現党）以外に関しては百パーセントです（笑）（会場笑）。

トップはアイデアマンでなければならない

大川隆法　とにかく、「トップは難しいのだ」ということを、よく知っておいたほうがよいということです。

とりあえず、基本的には、「トップの認識力が広がること」が、運営を大きくできるコツです。

もう一つは、「トップは基本的にアイデアマンでなければ駄目だ」ということです。トップがアイデアマンでないと、その会社が大きくなることは、普通はありえません。トップは、アイデアが出てくるような人でないと駄目なのです。

すでに税金が投入されているような会社だったら、トップが統制型の人でもよいでしょう。不祥事《ふしょうじ》さえ出さなければ潰れないようなところでは、それであっても大丈夫だと思うのですが、普通の民間企業であれば、やはり、トップがアイデアの出るようなタイプでないと、なかなか発展しにくいのです。

「あとは守るだけ」ということなら、また話は違ってくることもあるのですが、通常は、アイデアが出ないようでは駄目なのです。

アイデアを出す人は、アイデアが出てくる人をかわいがる傾向《けいこう》を、当然、持つようになるので、アイデアについて敏感《びんかん》にはなってきます。

トップが認識力を高めるべく勉強を続け、アイデアマンでなければ、成長はありえないのです。

したがって、一億円企業を百億円企業にしたかったら、「百倍のアイデアを、いつも出してみてください。そうすれば、いずれ百倍になるから、やってごらんなさい」と言いたいのです。

普通は出ないはずです。企業規模が一定している場合には出ないはずなので、アイデアを出す訓練をしてください。「アイデアを出そう」と思ったら、その経営のヒントに当たる部分について、勉強をしなくてはいけなくなると思います。

そのための、いろいろな情報はあるでしょう。そのへんを掘《ほ》り起こしていただければ結構かと思います。

4　経営における「努力」と「勘《かん》」

C——　お話のなかで、「最終的には勘《かん》だ」というご指摘《してき》がありました（本書2節参照）。

特に、小さな企業《きぎょう》の場合、勘で判断したことが立て続けに外れると、倒産《とうさん》に至るケースが見られますので、「勘による判断の精度を、いかにして上げるか」ということが、実際の経営においては死活問題なのではないかと思います。

ある経営学者は「八割が勘だ」というような言い方もしているぐらいですので、勘の精度を上げていくために経営者に必要な勉強法や修行《しゅぎょう》について、ぜひ、ご教示いただければと思います。

基本的には「エジソン型」を頭に描く

大川隆法　基本的には、やはり、「エジソン型」を頭に描いておいていただきたいと思います。

勘は大事なのですが、エジソンは、「九十九パーセントは、パースピレーション、汗《あせ》で、一パーセントはインスピレーションだ」という考えです。

エジソンは発明王なので、「アイデアが豊富で、いろいろなことをひらめいたのだろう」と思われるでしょうが、本人の述懐《じゅっかい》によると、彼は、「九十九パーセントは努力の成果であって、パースピレーション、汗だ。一パーセントがインスピレーションだ」と言っているのです。

実際に、エジソン本人は、寝《ね》ても覚めても研究に研究を重ね、アイデアを追い求めていて、家にも帰れず、ソファで寝ながら研究していたような状態です。

「やれるだけのことをやって、最後の一パーセントがインスピレーションだ」というのが彼の意見でした。

結論だけを見たら、全部がインスピレーションのように見えることは、たくさん世の中にはあります。

例えば、マジックというものは、だいたいその

エジソン(1847〜1931)

『トーマス・エジソンの未来科学リーディング』(幸福の科学出版)

『未来を創るエジソン発想法』(幸福の科学出版)

ようなものであり、トリックが全部、仕上がっているのですが、それを知らない人が見たら、「うわっ、すごい手品だな。すごいグランド・イリュージョンを見れた」と感じるわけです。

現実には、九十九パーセントぐらい、トリックの部分がきちんと出来上がっていて、最後の一パーセントだけは、その人の腕《うで》の冴《さ》えです。相手の思考の盲点《もうてん》を突《つ》いているところが一つだけあり、見る側は何かを勘違《かんちが》いしているわけです。

例えば、持っているトランプのカードが一枚パッと入れ替《か》わると、「こんなのありえない。おかしい。カードの模様が変わるなんて、ありえない」と思うわけですが、「もう一枚、カードを持っていて、どこかでカードが入れ替わっている」というだけのことです。

あるいは、「相手がどのカードを選んでも、絶対、それを当てられる」というマジックでは、そのカードが絶対に当たる仕組みをつくっているのです。「勘」というものを、イリュージョン、手品などと同じにしてよいかどうか、分からないところはあるのですが、やはり、エジソン的に、「九十九パーセントは努力の賜物《たまもの》で、インスピレーションは一パーセント」と思わなくてはいけません。

熱心な人は、「自分は努力している」ということを忘れている

大川隆法　同じように、百億円の売上を達成するのでも、九十九億円までは、「この世的な努力で売上が達成できるのではないか」と思うぐらいまで、考え

方や計画を詰《つ》めることができれば、残りの一億円が乗って百億円を達成したときに、ほかの人からは、「一億円企業が百億円を達成した。これはミラクルですね。信じられないことです」と見えるでしょう。

これに対して、「いやあ、ちょっとよいアイデアがあったもので」と、一パーセントのところについてだけ、アイデアがあったように語って、あとの九十九パーセントについては語らないというのが、普通《ふつう》のスタイルです。

あるいは、熱心な人になると、本当は九十九パーセント努力しているにもかかわらず、「自分は努力している」という部分を忘れています。無意識に努力をずっと続けていて、「意識的に努力している」と思っていないことがあるのです。

そのため、最後の一パーセントに、実は、ひらめいた部分があるのですが、九十九パーセントの部分まで含《ふく》め、全部がひらめきであるように感じている人が多いのです。

これを、「天命」とか、「天運」とか、「運がよかった」などと思う人は、実は、もっと成功する可能性のある人です。

ところが、「三年、〝寝太郎《ねたろう》〟で寝ていたら、インスピレーションで成功した」というように本当に思っている人であれば、逆に、あなた（質問者）が言うように、「やればやるほど失敗する」というタイプになり、成功しません。

したがって、判断を間違わないようにするためには、「エジソン型」を常に思い返してください。

ほかの人から見れば、「小学校に一年生として三カ月しか通《かよ》っていないエジソンが、学問的力で研究した」とは思えないでしょう。

「一流大学の大学院を出た人でも発明できないようなことを、小学校を一年で中退した、あの人が発明できるなんて、ありえない」と思い、全部、勘でやったように思うかもしれませんが、彼なりに、遠回りではあっても、きちんとした実験を積み上げていき、やっているのです。

今で言えば、「白熱電球のフィラメントに、京都の竹を使おうか」と考えついたことだけでも、信じられないようなことですが、実際に京都の竹まで使っているわけですから、その熱心さには恐《おそ》れ入るものがあります。

それだけやっていれば、やはり、いずれ、どこかでは必ず当たるものだと思うのです。

宝くじも、百回も千回も買い続けたら、一等は当たらなくても、おそらく何等かは当たるでしょう。

それと同じではありませんが、やるべきことは、きちんとやっている人が多いのです。

「天の協力」に感謝する気持ちを持てば、さらなる成功が来る

大川隆法　自分の努力のほうを軽く見て、「運がよかった」と言っている人には、まだ「徳」が残っているので、さらに成功する可能性があります。

「勘です」と言っても、成功した人が「勘です」と言っている場合には、「そういう人には、実は、隠《かく》れた徳が何かあるのだ」と受け取ったほうがよいでしょう。

「百億円企業を達成しました。全部、実力です」と言っている人については、

実は、「この人の会社は危ない」と思ったほうがよいと思います。「全部、実力で、私の努力の結果です」と言っている人は危ないのです。

逆に、伸《の》びる余地があるのは、「いや、ほとんど運です。運がよかったのです。お客様に恵《めぐ》まれました」「業界が本当に好調で助かりました」などと言っている人です。

これは、大阪《おおさか》商人のやり方、関西商人の商法ですが、「商売はどうですか」と訊《き》かれたら、よくても悪くても、「ぼちぼちでんなあ」と言って、正直には言わないやり方をしています。正直に全部を語りすぎる人の場合、失敗するケースが多いのです。

ですから、全部が自力《じりき》でもなければ、全部が他力《たりき》でもありません。「エジソン型」を念頭に置いたほうがよいのです。特に、小さいところから這《は》い上がっていくときには、そうだと思います。

自分の思いつきやアイデア、いろいろな努力の成果として、できてきたものであっても、そういう、努力でやったところは、なるべく忘れていき、「運がよかった」と考え、「これは、お客様が本当に協力してくれたのだ」「銀行で、たまたま優《やさ》しい人に当たって、助かった」などという感謝の心を持って謙遜《けんそん》に構えていると、まだ社業が伸びる余地があるわけです。

「最初から博打《ばくち》風に当てていって成功しよう」ということをお勧《すす》めしているわけではありません。大きくなっていった場合には、「運」や「天などの協力」にしっかり感謝する気持ちを持っていると、さらなる成功が来るでしょう。

そのように受け取っていただければ幸いです。

あとがき

企業の「創業」は、夢とロマン、スリルとドラマに満ちている。自分の能力を限界まで伸ばすチャンスとして、一生に一度は経営したい人もいるだろう。しかし、その事業を維持しつつ、大きくし、更に次世代につなげていくことの難しさは、一言では語り難《がた》い。一般には「守成《しゅせい》」のほうが更に難しいともいわれている。歴史に学んでみれば、一国を興《おこ》す壮大なドラマは面白いが、どのような帝国もやがては滅びていく。

同じように、事業経営では三代続くことも難しい。何百年と続いた大財閥《ざいばつ》も合併したり、吸収されたりする時代である。

ただ一つだけ、確実なことがあるとすれば、経営者の汗と努力、知恵、忍耐力、利他の心、人を育てる心などがなければ、実践経営は成り立たないということだ。

この厳しさの中で勝ち抜いていってほしい。

二〇一四年　六月十九日

幸福《こうふく》の科学《かがく》グループ創始者《そうししゃ》兼総裁《けんそうさい》

幸福《こうふく》の科学学園《かがくがくえん》・幸福《こうふく》の科学大学創立者《かがくだいがくそうりつしゃ》　大川隆法《おおかわりゅうほう》

『「実践経営学」入門』大川隆法著作関連書籍

『「経営成功学」とは何か』（幸福の科学出版刊）
『ネルソン・マンデラ ラスト・メッセージ』（同右）
『フィリピン巨大台風の霊的真相を探る』（同右）
『渋谷をつくった男』（同右）
『公開霊言 スティーブ・ジョブズ 衝撃の復活』（同右）
『トーマス・エジソンの未来科学リーディング』（同右）
『日銀総裁とのスピリチュアル対話』（幸福実現党刊）
『財務省のスピリチュアル診断』（同右）

※左記は書店では取り扱っておりません。最寄りの精舎・支部・拠点までお問い合わせください。

『どうすれば仕事ができるようになるか』（宗教法人幸福の科学刊）

「実践経営学《じっせんけいえいがく》」入門《にゅうもん》
──「創業」の心得と「守成」の帝王学──

2014年7月4日　初版第1刷

著　者　　大《おお》　川《かわ》　隆《りゅう》　法《ほう》

発行所　　幸福の科学出版株式会社

〒107-0052 東京都港区赤坂2丁目10番14号
TEL(03)5573-7700
http://www.irhpress.co.jp/

印刷・製本　株式会社 堀内印刷所

落丁・乱丁本はおとりかえいたします

ISBN978-4-86395-495-3 C0030
写真：時事　イラスト：水谷嘉孝

大川隆法ベストセラーズ・発展する企業をつくる

智慧の経営

不況を乗り越える常勝企業のつくり方

豪華装丁
函入り

不況でも伸びる組織には、この8つの智慧がある──。26年で巨大グループを築き上げた著者の、智慧の経営エッセンスをあなたに。

10,000円

逆転の経営術

守護霊インタビュー
ジャック・ウェルチ、カルロス・ゴーン、ビル・ゲイツ

豪華装丁
函入り

会社再建の秘訣から、逆境の乗りこえ方、そして無限の富を創りだす方法まで──。世界のトップ経営者3人の守護霊が経営術の真髄を語る。

10,000円

忍耐の時代の経営戦略

企業の命運を握る3つの成長戦略

豪華装丁
函入り

2014年以降のマクロ経済の動向を的確に予測! これから厳しい時代に突入する日本において、企業と個人がとるべき「サバイバル戦略」を示す。

10,000円

大川隆法 ベストセラーズ・「幸福の科学大学」が目指すもの

※幸福の科学大学（仮称）設置認可申請中

新しき大学の理念

「幸福の科学大学」がめざす
ニュー・フロンティア

※幸福の科学大学（仮称）設置認可申請中

2015年、開学予定の「幸福の科学大学」。日本の大学教育に新風を吹き込む「新時代の教育理念」とは？ 創立者・大川隆法が、そのビジョンを語る。

1,400円

「経営成功学」とは何か

百戦百勝の新しい経営学

経営者を育てない日本の経営学!? アメリカをダメにしたMBA——!? 幸福の科学大学(仮称・設置認可申請中)の「経営成功学」に託された経営哲学のニュー・フロンティアとは。

1,500円

「人間幸福学」とは何か

人類の幸福を探究する新学問

「人間の幸福」という観点から、あらゆる学問を再検証し、再構築する——。数千年の未来に向けて開かれていく学問の源流がここにある。

1,500円

「未来産業学」とは何か

未来文明の源流を創造する

新しい産業への挑戦——「ありえない」を、「ありうる」に変える！ 未来文明の源流となる分野を研究し、人類の進化とユートピア建設を目指す。

1,500円

※表示価格は本体価格(税別)です。

大川隆法 ベストセラーズ・「幸福の科学大学」が目指すもの

※幸福の科学大学（仮称）設置認可申請中

青春マネジメント

若き日の帝王学入門

生活習慣から、勉強法、時間管理術、仕事の心得まで、未来のリーダーとなるための珠玉の人生訓が示される。著者の青年時代のエピソードも満載！

1,500円

人間にとって幸福とは何か

本多静六博士 スピリチュアル講義

「努力する過程こそ、本当は楽しい」さまざまな逆境を乗り越え、億万長者になった本多静六博士が現代人に贈る、新たな努力論、成功論、幸福論。

1,500円

早稲田大学創立者・大隈重信「大学教育の意義」を語る

※幸福の科学大学（仮称）設置認可申請中

大学教育の精神に必要なものは、「闘魂の精神」と「開拓者精神」だ！ 近代日本の教育者・大隈重信が教育論、政治論、宗教論を熱く語る！

1,500円

究極の国家成長戦略としての「幸福の科学大学の挑戦」

※仮称・設置認可申請中

大川隆法 vs. 木村智重・九鬼一・黒川白雲

「人間を幸福にする学問」を探究し、人類の未来に貢献する人材を輩出する――。新大学建学の志や、新学部設立の意義について、創立者と語り合う。

1,500円

※表示価格は本体価格（税別）です。

※幸福の科学大学（仮称）は設置認可申請中のため、構想内容は変更の可能性があります。

大川隆法ベストセラーズ・忍耐の時代を切り拓く

忍耐の法

「常識」を逆転させるために

人生のあらゆる苦難を乗り越え、夢や志を実現させる方法が、この一冊に——。混迷の現代を生きるすべての人に贈る待望の「法シリーズ」第20作!

2,000円

「正しき心の探究」の大切さ

靖国参拝批判、中・韓・米の歴史認識……。「真実の歴史観」と「神の正義」とは何かを示し、日本に立ちはだかる問題を解決する、2014年新春提言。

1,500円

自由の革命

日本の国家戦略と世界情勢のゆくえ

「集団的自衛権」は是か非か!? 混迷する国際社会と予断を許さないアジア情勢。今、日本がとるべき国家戦略を緊急提言!

1,500円

大川隆法 霊言シリーズ・最新刊

幻解ファイル＝限界ファウル「それでも超常現象は存在する」

超常現象を否定するＮＨＫへの〝ご進講②〟

心霊現象を否定するNHKこそ非科学的⁉ タイムスリップ・リーディングで明らかになった４人のスピリチュアル体験の「衝撃の真実」とは！

1,400円

NHK「幻解！超常ファイル」は本当か

ナビゲーター・栗山千明の守護霊インタビュー

ＮＨＫはなぜ超常現象を否定する番組を放送するのか。ナビゲーター・栗山千明氏の本心と、番組プロデューサーの「隠された制作意図」に迫る！

1,400円

天に誓って「南京大虐殺」はあったのか

『ザ・レイプ・オブ・南京』著者 アイリス・チャンの霊言

謎の死から10年、ついに明かされた執筆の背景と、良心の呵責、そして、日本人への涙の謝罪。「南京大虐殺」論争に終止符を打つ一冊！

1,400円

※表示価格は本体価格（税別）です。

大川隆法 霊言シリーズ・最新刊

サッカー日本代表エース 本田圭佑守護霊インタビュー

心の力で未来を勝ち取れ！

自分たちの活躍で、「強い日本」を取り戻したい！ 数々の苦境から人生を拓いてきた男の真意、そして世界で戦うサムライとしての覚悟が明かされる。

1,400円

副総理・財務大臣 麻生太郎の守護霊インタビュー

安倍政権のキーマンが語る「国家経営論」

教育、防衛、消費増税、福祉、原発、STAP細胞問題など、麻生太郎副総理・財務大臣の「国会やマスコミでは語れない本心」に迫る！

1,400円

元大蔵大臣・三塚博 「政治家の使命」を語る

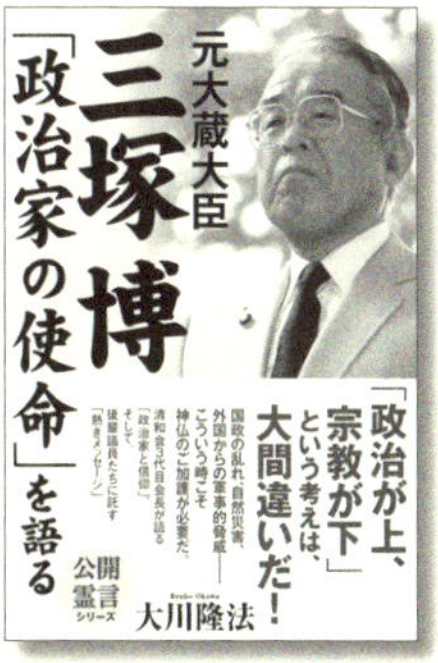

政治家は、国民の声、神仏の声に耳を傾けよ！ 自民党清和会元会長が天上界から語る「政治と信仰」、そして後輩議員たちへの熱きメッセージ。

1,400円

幸福の科学出版

Noblesse《ノーブレス》 Oblige《オブリージ》

「高貴なる義務」を果たす、
「真のエリート」を目指せ。

幸福の科学学園

中学校・高等学校（那須本校）

Happy Science Academy Junior and Senior High School

私は、
教育が人間を創ると
信じている一人である。
若い人たちに、
夢とロマンと、精進、
勇気の大切さを伝えたい。
この国を、全世界を、
ユートピアに変えていく力を
出してもらいたいのだ。
（幸福の科学学園 創立記念碑より）

幸福の科学学園 創立者
大川隆法

幸福の科学学園（那須本校）は、幸福の科学の教育理念のもとにつくられた、男女共学、全寮制の中学校・高等学校です。自由闊達な校風のもと、「高度な知性」と「徳育」を融合させ、社会に貢献するリーダーの養成を目指しており、2014年4月には開校四周年を迎えました。

Noblesse《ノーブレス》 Oblige《オブリージ》

「高貴なる義務」を果たす、
「真のエリート」を目指せ。

2013年 春 開校

幸福の科学学園
関西中学校・高等学校

Happy Science Academy
Kansai Junior and Senior High School

私は日本に
真のエリート校を創り、
世界の模範としたい
という気概に満ちている。
『幸福の科学学園』は、
私の『希望』であり、
『宝』でもある。
世界を変えていく、
多才かつ多彩な人材が、
今後、数限りなく
輩出されていくことだろう。

（幸福の科学学園関西校 創立記念碑より）

幸福の科学学園 創立者
大川隆法

滋賀県大津市、美しい琵琶湖の西岸に建つ幸福の科学学園（関西校）は、男女共学、通学も入寮も可能な中学校・高等学校です。発展・繁栄を校風とし、宗教教育や企業家教育を通して、学力と企業家精神、徳力を備えた、未来の世界に責任を持つ「世界のリーダー」を輩出することを目指しています。

幸福の科学学園・教育の特色

「徳ある英才」の創造

教科「宗教」で真理を学び、行事や部活動、寮を含めた学校生活全体で実修して、ノーブレス・オブリージ(高貴なる義務)を果たす「徳ある英才」を育てていきます。

体育祭

天分を伸ばす「創造性教育」

教科「探究創造」で、偉人学習に力を入れると共に、日本文化や国際コミュニケーションなどの教養教育を施すことで、各自が自分の使命・理想像を発見できるよう導きます。さらに高大連携教育で、知識のみならず、知識の応用能力も磨き、企業家精神も養成します。芸術面にも力を入れます。

探究創造科発表会

一人ひとりの進度に合わせた「きめ細やかな進学指導」

熱意溢れる上質の授業をベースに、一人ひとりの強みと弱みを分析して対策を立てます。強みを伸ばす「特別講習」や、弱点を分かるところまでさかのぼって克服する「補講」や「個別指導」で、第一志望に合格する進学指導を実現します。

授業の様子

自立心と友情を育てる「寮制」

寮は、真なる自立を促し、信じ合える仲間をつくる場です。親元を離れ、団体生活を送ることで、縦・横の関係を学び、力強い自立心と友情、社会性を養います。

毎朝夕のお祈りの時間

幸福の科学学園の進学指導

1 英数先行型授業

受験に大切な英語と数学を特に重視。「わかる」（解法理解）まで教え、「できる」（解法応用）、「点がとれる」（スピード訓練）まで繰り返し演習しながら、高校三年間の内容を高校二年までにマスター。高校二年からの文理別科目も余裕で仕上げられる効率的学習設計です。

2 習熟度別授業

英語・数学は、中学一年から習熟度別クラス編成による授業を実施。生徒のレベルに応じてきめ細やかに指導します。各教科ごとに作成された学習計画と、合格までのロードマップに基づいて、大学受験に向けた学力強化を図ります。

3 基礎力強化の補講と個別指導

基礎レベルの強化が必要な生徒には、放課後や夕食後の時間に、英数中心の補講を実施。特に数学においては、授業の中で行われる確認テストで合格に満たない場合は、できるまで徹底した補講を行います。さらに、カフェテリアなどでの質疑対応の形で個別指導も行います。

4 特別講習

夏期・冬期の休業中には、中学一年から高校二年まで、特別講習を実施。中学生は国・数・英の三教科を中心に、高校一年からは五教科でそれぞれ実力別に分けた講座を開講し、実力養成を図ります。高校二年からは、春期講習会も実施し、大学受験に向けて、より強化します。

5 幸福の科学大学（仮称・設置認可申請中）への進学

二〇一五年四月開学予定の幸福の科学大学への進学を目指す生徒を対象に、推薦制度を設ける予定です。留学用英語や専門基礎の先取りなど、社会で役立つ学問の基礎を指導します。

授業の様子

詳しい内容、パンフレット、募集要項のお申し込みは下記まで。

幸福の科学学園 関西中学校・高等学校

〒520-0248
滋賀県大津市仰木の里東2-16-1
TEL.077-573-7774
FAX.077-573-7775
[公式サイト]
www.kansai.happy-science.ac.jp
[お問い合わせ]
info-kansai@happy-science.ac.jp

幸福の科学学園 中学校・高等学校

〒329-3434
栃木県那須郡那須町梁瀬 487-1
TEL.0287-75-7777
FAX.0287-75-7779
[公式サイト]
www.happy-science.ac.jp
[お問い合わせ]
info-js@happy-science.ac.jp

仏法真理塾

サクセスNo.1

未来の菩薩を育て、仏国土ユートピアを目指す！

仏法真理塾「サクセスNo.1」とは

宗教法人幸福の科学による信仰教育の機関です。信仰教育・徳育にウエイトを置きつつ、将来、社会人として活躍するための学力養成にも力を注いでいます。

サクセスNo.1 東京本校（戸越精舎内）

「サクセスNo.1」のねらいには、「仏法真理と子どもの教育面での成長とを一体化させる」ということが根本にあるのです。

大川隆法総裁　御法話「『サクセスNo.1』の精神」より

仏法真理塾「サクセスNo.1」の教育について

信仰教育が育む健全な心

御法話拝聴や祈願、経典の学習会などを通して、仏の子としての「正しい心」を学びます。

学業修行で学力を伸ばす

忍耐力や集中力、克己心を磨き、努力によって道を拓く喜びを体得します。

法友との交流で友情を築く

塾生同士の交流も活発です。お互いに信仰の価値観を共有するなかで、深い友情が育まれます。

●サクセスNo.1は全国に、本校・拠点・支部校を展開しています。

東京本校
TEL.03-5750-0747　FAX.03-5750-0737

名古屋本校
TEL.052-930-6389　FAX.052-930-6390

大阪本校
TEL.06-6271-7787　FAX.06-6271-7831

京滋本校
TEL.075-694-1777　FAX.075-661-8864

神戸本校
TEL.078-381-6227　FAX.078-381-6228

西東京本校
TEL.042-643-0722　FAX.042-643-0723

札幌本校
TEL.011-768-7734　FAX.011-768-7738

福岡本校
TEL.092-732-7200　FAX.092-732-7110

宇都宮本校
TEL.028-611-4780　FAX.028-611-4781

高松本校
TEL.087-811-2775　FAX.087-821-9177

沖縄本校
TEL.098-917-0472　FAX.098-917-0473

広島拠点
TEL.090-4913-7771　FAX.082-533-7733

岡山本校
TEL.086-207-2070　FAX.086-207-2033

北陸拠点
TEL.080-3460-3754　FAX.076-464-1341

大宮拠点
TEL.048-778-9047　FAX.048-778-9047

全国支部校のお問い合わせは、
サクセスNo.1 東京本校（TEL. 03-5750-0747）まで。

メール info@success.irh.jp

エンゼルプランV

信仰教育をベースに、知育や創造活動も行っています。

信仰に基づいて、幼児の心を豊かに育む情操教育を行っています。また、知育や創造活動を通して、ひとりひとりの子どもの個性を大切に伸ばします。お母さんたちの心の交流の場ともなっています。

TEL 03-5750-0757　FAX 03-5750-0767
メール angel-plan-v@kofuku-no-kagaku.or.jp

ネバー・マインド

不登校の子どもたちを支援するスクール。

「ネバー・マインド」とは、幸福の科学グループの不登校児支援スクールです。「信仰教育」と「学業支援」「体力増強」を柱に、合宿をはじめとするさまざまなプログラムで、再登校へのチャレンジと、進路先の受験対策指導、生活リズムの改善、心の通う仲間づくりを応援します。

TEL 03-5750-1741　FAX 03-5750-0734
メール nevermind@happy-science.org

ユー・アー・エンゼル！（あなたは天使！）運動

障害児の不安や悩みに取り組み、ご両親を励まし、勇気づける、障害児支援のボランティア運動です。学生や経験豊富なボランティアを中心に、全国各地で、障害児向けの信仰教育を行っています。保護者向けには、交流会や、医療者・特別支援教育者による勉強会、メール相談を行っています。

TEL 03-5750-1741　FAX 03-5750-0734
メール you-are-angel@happy-science.org

シニア・プラン21

生涯反省で人生を再生・新生し、希望に満ちた生涯現役人生を生きる仏法真理道場です。週1回、開催される研修には、年齢を問わず、多くの方が参加しています。現在、全国8カ所（東京、名古屋、大阪、福岡、新潟、仙台、札幌、千葉）で開校中です。

東京校 TEL 03-6384-0778　FAX 03-6384-0779
メール senior-plan@kofuku-no-kagaku.or.jp

入会のご案内

あなたも、幸福の科学に集い、
ほんとうの幸福を
見つけてみませんか？

幸福の科学では、大川隆法総裁が説く仏法真理をもとに、
「どうすれば幸福になれるのか、また、
他の人を幸福にできるのか」を学び、実践しています。

入会

大川隆法総裁の教えを信じ、学ぼうとする方なら、どなたでも入会できます。入会された方には、『入会版「正心法語」』が授与されます。（入会の奉納は1,000円目安です）

ネットでも**入会**
できます。詳しくは、
下記URLへ。
happy-science.jp/joinus

三帰《さんき》誓願《せいがん》

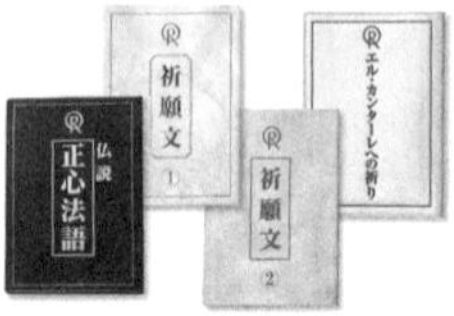

仏弟子としてさらに信仰を深めたい方は、仏・法・僧の三宝への帰依を誓う「三帰誓願式」を受けることができます。三帰誓願者には、『仏説・正心法語』『祈願文①』『祈願文②』『エル・カンターレへの祈り』が授与されます。

植福《しょくふく》の会

植福は、ユートピア建設のために、自分の富を差し出す尊い布施の行為です。布施の機会として、毎月1口1,000円からお申込みいただける、「植福の会」がございます。

「植福の会」に参加された方のうちご希望の方には、幸福の科学の小冊子（毎月1回）をお送りいたします。詳しくは、下記の電話番号までお問い合わせください。

月刊
「幸福の科学」

ザ・伝道

ヤング・ブッダ

ヘルメス・
エンゼルズ

INFORMATION	**幸福の科学サービスセンター** TEL. **03-5793-1727**（受付時間 火〜金：10〜20時／土・日：10〜18時） 宗教法人 幸福の科学 公式サイト **happy-science.jp**